I0479410

Wilmer Nino Alcocer Huaranga

ABC DEL DERECHO:

VOLUMEN I

INTRODUCCIÓN AL DERECHO

Copyright © 2023   Wilmer Nino Alcocer Huaranga.

Colección   ABC del Derecho.

Volumen I: Introducción al Derecho.

INTRODUCCIÓN

El "abc" del derecho es una manera de describir los conceptos básicos y fundamentales que componen el sistema jurídico. Este es el propósito de esta colección, estudiar los temas generales que comprende esta importante disciplina.

El Volumen 1 versa sobre la "Introducción al Derecho", el cual es una rama de las ciencias sociales que tiene como objetivo proporcionar una comprensión general del sistema jurídico y de su papel en la sociedad. Se trata de una disciplina que abarca una amplia variedad de temas, incluyendo la definición y la naturaleza del derecho, la historia del derecho, las fuentes del derecho, la estructura del sistema jurídico, la interpretación y aplicación del derecho, y las relaciones entre el derecho y otros aspectos de la sociedad, como la política, la economía y la moral. La introducción al derecho es esencial para aquellos que están interesados en estudiar derecho o en cualquier otra disciplina relacionada con el derecho, ya que proporciona una base sólida para comprender los conceptos básicos y las herramientas necesarias para analizar y aplicar el derecho.

Se tiene pensando apartarse de las diferencias normativas de cada país y brindar un estudio genérico que pueda servir para todo aquel que quiera incursionar en este arte o que simplemente desea aprender conceptos jurídicos.

Siguiendo esta línea trazada, procedemos a describir los capítulos del presente libro:

- Capítulo 1 – Sistema jurídico.

- Capítulo 2 – Derecho.

- Capítulo 3 – Saber Jurídico.

- Capítulo 4 – Norma Jurídica.

- Capítulo 5 – Ordenamiento Jurídico.

- Capítulo 6 – Valores Jurídicos.

- Capítulo 7 – Aplicación de las Normas.

- Capítulo 8 – Interpretación de las Normas.

- Capítulo 9 – Integración del Derecho.

Para el fin propuesto este libro se redactó con el fin de alcanzar facilidad en la comprensión de las ideas expuestas, para ello nos centramos en afirmaciones concretas y claras. Le invitamos a leer el contenido completo del presente libro y agradecemos su preferencia.

EL AUTOR

ÍNDICE

CAPÍTULO I

SISTEMA JURÍDICO

1.1. Definición de sistema jurídico.

El sistema jurídico es un conjunto de normas, principios, instituciones y procedimientos que regulan la conducta humana y resuelven conflictos en una sociedad. Incluye leyes, regulaciones y reglas que establecen los derechos y responsabilidades de los individuos y las organizaciones, así como las instituciones encargadas de hacer cumplir y aplicar el derecho. Estas instituciones incluyen tribunales, fiscalías, abogados y otros profesionales del derecho.

El sistema jurídico también incluye los procesos y procedimientos utilizados para interpretar y aplicar el derecho, como la jurisprudencia y la doctrina legal. Además, puede estar influenciado por valores culturales, políticos y económicos, y puede variar entre diferentes países y regiones.

En resumen, el sistema jurídico es un elemento clave de la organización y el funcionamiento de una sociedad, y juega un papel fundamental en la protección de los derechos individuales, la resolución de conflictos y la promoción de una justicia equitativa.

1

1.2. ¿Cuándo hablamos de sistema jurídico nos referimos al derecho?

No necesariamente, aunque el derecho es un componente importante del sistema jurídico. Cuando hablamos del sistema jurídico, nos referimos a un conjunto más amplio de normas, principios, instituciones y procedimientos que regulan la conducta humana y resuelven conflictos en una sociedad. El derecho es una parte importante de este sistema, pero no es el sistema en su totalidad.

El sistema jurídico incluye, además de las leyes y regulaciones, las instituciones encargadas de hacer cumplir y aplicar el derecho, como tribunales y fiscalías, y los procesos y procedimientos utilizados para interpretar y aplicar el derecho, como la jurisprudencia y la doctrina legal. También incluye factores políticos, culturales y económicos que pueden influir en la aplicación y evolución del derecho.

En resumen, el derecho es un componente importante del sistema jurídico, pero el término "sistema jurídico" se refiere a un conjunto más amplio de elementos que funcionan juntos para regular la conducta humana y resolver conflictos en una sociedad.

1.3. Componentes del sistema jurídico.

El sistema jurídico generalmente se conforma de los siguientes componentes:

1. **Fuentes del derecho**: Estas son las bases sobre las cuales se construye el sistema jurídico. Incluyen leyes, regulaciones, constituciones, tratados internacionales y decisiones judiciales precedentes.

2. **Instituciones encargadas de hacer cumplir el derecho**: Estas instituciones incluyen tribunales, fiscalías, policía y otras agencias encargadas de hacer cumplir las leyes y proteger los derechos individuales.

3. **Profesionales del derecho**: Estos incluyen abogados, jueces, fiscales y otros profesionales que trabajan en el sistema jurídico y aplican las leyes y regulaciones.

4. **Procesos y procedimientos**: Estos son los métodos y técnicas utilizados para interpretar y aplicar el derecho. Incluyen la jurisprudencia, la doctrina legal y la interpretación constitucional.

5. **Valores culturales, políticos y económicos**: Estos factores pueden influir en la evolución y aplicación del derecho, y pueden variar entre diferentes países y regiones.

En resumen, estos componentes funcionan juntos para crear un sistema jurídico eficaz y justo que proteja los derechos individuales y resuelva conflictos en una sociedad. Cada componente es importante y contribuye a la integridad y eficacia del sistema en su totalidad.

1.4. Tipos de sistemas jurídicos.

Existen diferentes tipos de sistemas jurídicos, que se clasifican en base a diferentes criterios, como su origen histórico, su estructura y funcionamiento, y su filosofía subyacente. Algunos de los tipos más comunes de sistemas jurídicos son:

1. **Sistema de derecho civil o grecorromano**: Este sistema se basa en la tradición romano-germánica y se caracteriza por una estructura codificada y

sistemática de leyes. Se utiliza en muchos países de Europa continental y en América Latina.

2. **Sistema de common law**: Este sistema se originó en Inglaterra y se caracteriza por una estructura basada en la jurisprudencia y las decisiones judiciales precedentes. Se utiliza en muchos países anglosajones, como Estados Unidos, Reino Unido y Australia.

3. **Sistema de derecho islámico**: Este sistema se basa en la interpretación de la ley islámica, el Corán, y es utilizado en muchos países con mayoría musulmana, como Irán, Arabia Saudita y Pakistán.

4. **Sistema de derecho consuetudinario**: Este sistema se basa en la tradición y costumbres locales y se utiliza en algunas comunidades indígenas y tribales.

5. **Sistema de derecho socialista**: Este sistema se originó en países con economías socialistas y se basa en la propiedad estatal de los medios de producción.

6. **Sistema de derecho hindu**: Este sistema se originó en la India antigua y se basa en textos sagrados hinduistas, como los Vedas y los Puranas.

7. **Sistema de derecho budista**: Este sistema se basa en los ensenanzas del budismo y se utiliza en algunos países con mayoría budista, como Sri Lanka, Tailandia y Camboya.

8. **Sistema de derecho africano**: Este sistema se basa en las tradiciones y costumbres locales de los diferentes grupos étnicos de África.

Estos son solo algunos ejemplos de los diferentes tipos de sistemas jurídicos que existen en el mundo. Cada sistema jurídico tiene sus propias características y particularidades, y pueden variar significativamente entre diferentes países y regiones.

1.5. ¿Cuál de los tipos de sistema jurídico podría considerarse como el mejor sistema?

No existe un "mejor sistema jurídico" en términos absolutos, ya que cada sistema jurídico tiene sus fortalezas y debilidades y es adecuado para satisfacer las necesidades y valores de una sociedad determinada. La efectividad de un sistema jurídico depende en gran medida de la forma en que se aplica y se administra en la práctica.

En lugar de tratar de determinar cuál es el "mejor sistema jurídico", es más útil evaluar los sistemas jurídicos en términos de su capacidad para garantizar justicia, proteger los derechos humanos, promover la igualdad y resolver conflictos de manera efectiva. Además, un buen sistema jurídico también debe ser accesible, transparente y fácil de entender para todas las personas afectadas por él.

En general, los sistemas jurídicos más avanzados son aquellos que combinan elementos de diferentes tradiciones jurídicas y están diseñados para adaptarse a los cambios en la sociedad y la tecnología. Por lo tanto, un sistema jurídico efectivo es aquel que se mantiene en constante evolución para garantizar que cumpla con las necesidades de la sociedad a medida que cambian.

1.6. Finalidad del sistema jurídico.

La finalidad del sistema jurídico es proteger y garantizar los derechos y libertades de los ciudadanos, así como regular y ordenar la convivencia social y las relaciones entre individuos y entre estos y el Estado. Además, también tiene como objetivo establecer y aplicar normas claras y justas que permitan resolver conflictos de manera pacífica y equitativa. En resumen, el sistema jurídico es una herramienta esencial para el mantenimiento del orden y la justicia en una sociedad.

1.7. ¿Cuál es la función de un sistema jurídico?

El sistema jurídico cumple diversas funciones, entre ellas:

1. **Protección de los derechos y libertades de los ciudadanos**: El sistema jurídico garantiza que los derechos fundamentales de los individuos sean respetados y protegidos, incluyendo derechos como la libertad de expresión, el derecho a un juicio justo y la igualdad ante la ley.

2. **Regulación de las relaciones sociales**: El sistema jurídico establece las normas y las reglas que rigen las relaciones entre individuos, como por ejemplo, las relaciones laborales, comerciales y familiares.

3. **Resolución de conflictos**: El sistema jurídico proporciona mecanismos para resolver conflictos de manera pacífica y justa, incluyendo los tribunales y los medios alternativos de solución de disputas.

4. **Mantenimiento del orden y la justicia**: El sistema jurídico tiene como objetivo garantizar el

mantenimiento del orden y la justicia en una sociedad, estableciendo normas claras y justas que permitan resolver conflictos de manera equitativa.

En resumen, el sistema jurídico desempeña un papel clave en la protección de los derechos y libertades de los ciudadanos, así como en la regulación de las relaciones sociales y la resolución de conflictos.

1.8.   ¿Puede existir una sociedad sin sistema jurídico?

Es difícil imaginar una sociedad completamente sin un sistema jurídico. El sistema jurídico es un aspecto fundamental de cualquier sociedad organizada, ya que proporciona un marco para regular las relaciones entre los individuos y entre estos y el Estado.

El sistema jurídico permite establecer normas claras y justas que permiten resolver conflictos de manera pacífica, proteger los derechos y libertades de los ciudadanos y garantizar el mantenimiento del orden y la justicia en una sociedad.

En ausencia de un sistema jurídico, es probable que surjan conflictos y desigualdades que resulten en inestabilidad social y violaciones a los derechos humanos. Por lo tanto, un sistema jurídico es esencial para el funcionamiento de una sociedad organizada y justa.

1.9.   ¿Existen fallas en un sistema jurídico?

Sí, es común que los sistemas jurídicos tengan fallas. Algunas de las fallas más comunes incluyen:

1. **Inequidad**: A veces, el sistema jurídico no es equitativo y trata de manera desigual a diferentes

grupos de personas, especialmente aquellos que están en desventaja socioeconómica o tienen una identidad protegida.

2. **Complejidad**: El sistema jurídico puede ser complejo y difícil de entender para los ciudadanos comunes, lo que puede dificultar el acceso a la justicia y la resolución de conflictos.

3. **Rigidez**: En ocasiones, el sistema jurídico puede ser demasiado rígido y no permitir la flexibilidad necesaria para adaptarse a situaciones cambiantes.

4. **Lentitud**: El sistema jurídico puede ser lento y burocrático, lo que puede resultar en retrasos en la resolución de conflictos y una sensación de impunidad para aquellos que cometen infracciones.

5. **Corrupción**: La corrupción puede ser una falla importante en el sistema jurídico, especialmente cuando los funcionarios encargados de hacer cumplir la ley y administrar justicia son corruptos.

Estas son solo algunas de las fallas más comunes en los sistemas jurídicos. Sin embargo, es importante destacar que los sistemas jurídicos también pueden ser mejorados y reformados con el fin de corregir estas fallas y mejorar la justicia y la protección de los derechos humanos.

1.10. ¿Existe algún país que pueda jactarse de tener un excelente sistema jurídico?

Es difícil identificar un país que tenga un "excelente" sistema jurídico, ya que depende de muchos factores y puede variar según diferentes criterios y perspectivas. Además, los sistemas jurídicos están en constante evolución y mejora, por lo que un país puede tener un sistema jurídico sólido en un momento dado, pero no necesariamente siempre ser así.

Sin embargo, algunos países son generalmente reconocidos por tener sistemas jurídicos sólidos y eficientes. Por ejemplo, países de Europa, como Suecia, Dinamarca y Alemania, son a menudo citados como ejemplos de países con sistemas jurídicos fuertes y justos. Otros países, como Japón y Singapur, también son reconocidos por tener sistemas jurídicos eficientes y eficaces.

En última instancia, la calidad de un sistema jurídico depende de muchos factores, incluyendo la independencia de la justicia, la protección de los derechos humanos, la eficacia en la resolución de conflictos y la accesibilidad a la justicia para todos los ciudadanos. Cualquier evaluación de un sistema jurídico debe considerar estos factores y más para llegar a una conclusión precisa y justa.

1.11. ¿Qué factores determinan la efectividad y eficiencia de un sistema jurídico?

Hay muchos factores que pueden determinar la efectividad y eficiencia de un sistema jurídico, aquí están algunos de los más importantes:

1. **Independencia de la justicia**: La independencia de la justicia es un factor crítico en la efectividad de un sistema jurídico. Los jueces y tribunales deben ser libres de influencias políticas, económicas y sociales y ser capaces de tomar decisiones justas y objetivas.

2. **Protección de los derechos humanos**: Un sistema jurídico efectivo debe proteger los derechos

9

humanos y las libertades fundamentales de todos los ciudadanos sin discriminación.

3. **Eficacia en la resolución de conflictos**: Un sistema jurídico eficaz debe ser capaz de resolver conflictos de manera eficiente y justa. Esto incluye proporcionar medios eficaces para el acceso a la justicia y la resolución de disputas.

4. **Accesibilidad a la justicia**: Todos los ciudadanos deben tener acceso a la justicia y a una resolución justa de sus conflictos. El sistema jurídico debe ser accesible y asequible, especialmente para aquellos que están en desventaja socioeconómica.

5. **Clarity of the law**: La claridad de la ley es esencial para un sistema jurídico efectivo. Las leyes deben ser claras y fáciles de entender para los ciudadanos, y deben ser aplicadas de manera consistente y predecible.

6. **Eficiencia del proceso legal**: La eficiencia del proceso legal es un factor importante en la efectividad de un sistema jurídico. El proceso legal debe ser rápido y eficiente, con un enfoque en la resolución de conflictos de manera justa y eficiente.

Estos son solo algunos de los factores que pueden determinar la efectividad y eficiencia de un sistema jurídico. La calidad de un sistema jurídico es una combinación de muchos factores, y su éxito depende de la capacidad de un país para equilibrar y satisfacer estos factores de manera efectiva.

1.12. **¿Qué presencia tiene la "entropía" en un sistema jurídico?. Acercamiento al concepto de entropía jurídica.**

La entropía es un concepto físico que se refiere a la tendencia de un sistema hacia el desorden y la disminución de su capacidad para realizar trabajo útil. En el contexto del sistema jurídico, la entropía puede referirse a la tendencia hacia la ineficiencia y la incertidumbre en el sistema debido a la complejidad y la ambigüedad de las leyes y regulaciones.

En un sistema jurídico con una alta entropía, las leyes pueden ser confusas y difíciles de interpretar, lo que puede llevar a interpretaciones inconsistentes y decisiones contradictorias. Además, la complejidad y la ambigüedad de las leyes pueden aumentar el costo y el tiempo necesarios para resolver conflictos y tomar decisiones justas.

Por lo tanto, un sistema jurídico efectivo debe tratar de minimizar la entropía y buscar la claridad y la simplicidad en sus leyes y regulaciones. Esto puede lograrse a través de la simplificación de las leyes y la eliminación de regulaciones innecesarias, así como a través de una interpretación clara y consistente de las leyes existentes. De esta manera, se puede mejorar la eficiencia del sistema jurídico y garantizar una resolución justa y eficiente de los conflictos.

1.13. **¿Cómo puede medirse la entropía jurídica?**

La entropía jurídica es un concepto multidisciplinario que involucra aspectos económicos, políticos, sociales y culturales, y por lo tanto, no es posible medir su magnitud de manera objetiva o cuantitativa. Sin embargo, algunos autores han propuesto métodos cualitativos y subjetivos para evaluar la entropía jurídica.

Algunos ejemplos incluyen:

1. Análisis de la complejidad del sistema normativo y su evolución a lo largo del tiempo.

2. Evaluación de la coherencia y cohesión del sistema jurídico, así como de su capacidad para proporcionar soluciones adecuadas a los problemas sociales.

3. Estudios de la percepción social sobre la justicia y la equidad del sistema jurídico, y su capacidad para inspirar confianza y respeto.

4. Análisis de la eficiencia y eficacia del sistema jurídico, incluyendo la rapidez y el costo de la administración de justicia.

Estos métodos pueden ser útiles para obtener una visión más completa y detallada de la entropía jurídica, pero deben interpretarse con precaución debido a la subjetividad y la variabilidad de los criterios utilizados para su evaluación.

1.14.   ¿Cómo influirá la evolución de la sociedad en el sistema jurídico?

La evolución de la sociedad tiene un impacto significativo en el sistema jurídico, ya que los derechos y las normas jurídicas deben evolucionar para adaptarse a los cambios en la sociedad y para reflejar los valores y las necesidades de la sociedad. Algunos ejemplos de cómo la evolución de la sociedad puede influir en el sistema jurídico incluyen:

1. **Cambios en los derechos humanos**: Con el tiempo, la sociedad puede reconocer nuevos derechos humanos o ampliar los derechos existentes para reflejar los valores y las necesidades de la sociedad. Por ejemplo, la sociedad puede reconocer derechos adicionales para las personas LGBT+ o para las personas con discapacidad.

2. **Nuevos desafíos sociales**: La evolución de la sociedad también puede presentar nuevos desafíos sociales que deben ser abordados por el sistema jurídico. Por ejemplo, la aparición de nuevas tecnologías puede requerir una regulación adicional para garantizar la privacidad y la seguridad en línea.

3. **Cambios en las expectativas sociales**: Las expectativas sociales y los valores cambian con el tiempo, y el sistema jurídico debe adaptarse para reflejar estos cambios. Por ejemplo, la sociedad puede esperar una mayor protección ambiental o una mayor responsabilidad empresarial por los daños causados.

En general, la evolución de la sociedad es un factor crítico para mantener el sistema jurídico actualizado y relevante, y es importante que el sistema jurídico evolucione de manera adecuada para adaptarse a los cambios en la sociedad y para satisfacer las necesidades y expectativas de la sociedad.

CAPÍTULO II

DERECHO

2.1. ¿Qué es el derecho?

Existen muchas definiciones de derecho propuestas por autores importantes a lo largo de la historia. Algunas de las definiciones más destacadas incluyen:

1. Aristóteles: Para Aristóteles, el derecho es "la norma racional de la conducta humana en sociedad" (Arrieta, 2009).

2. Santo Tomás de Aquino: Santo Tomás de Aquino define el derecho como "un orden de razones justas, establecido por la autoridad competente, para el bien común" (Arrieta, 2009).

3. Hugo Grotius: Grotius describe el derecho como "el conjunto de normas que regulan la conducta humana en sociedad, con el fin de lograr una convivencia pacífica" (Suárez, 2020).

4. Immanuel Kant: Kant define el derecho como "la norma racional que regula la conducta humana en sociedad y que se basa en la libertad y la igualdad" (May, 2014).

5. John Austin: Para Austin, el derecho es "el conjunto de normas positivas impuestas por un poder

soberano y aplicables a los ciudadanos" (Suárez, 2020).

6. H.L.A. Hart: Hart define el derecho como "el conjunto de normas sociales generales y obligatorias que regulan la conducta humana en sociedad" (Gómez, 2021).

Estas definiciones varían en su enfoque y alcance, pero todas destacan la importancia de la normatividad y la regulación de la conducta humana en sociedad. Cada definición también refleja los valores y las concepciones teóricas de los autores sobre el derecho y su función en la sociedad.

2.2. ¿Cuál es la mejor definición del derecho?

No existe una definición única y definitiva del derecho que sea considerada la "mejor". La naturaleza compleja y multifacética del derecho significa que distintos autores y corrientes jurídicas pueden ofrecer definiciones que enfatizan diferentes aspectos o enfoques.

Algunas definiciones destacan el carácter normativo del derecho, mientras que otras enfatizan su papel en la resolución de conflictos o en la protección de los derechos y libertades individuales. Algunas definiciones también incluyen una dimensión moral y ética, al considerar que el derecho debe ser justo y equitativo.

En general, la mejor definición de derecho depende de la perspectiva y los objetivos de cada persona o corriente jurídica, por lo que no existe una respuesta única y universal. No obstante, observamos que siempre se le considerará como un sistema de regulación social que busca proteger los derechos y libertades de los individuos y mantener el orden en la sociedad.

Asimismo, es importante destacar que el derecho no es algo fijo y estático, sino que evoluciona con el tiempo y se adapta a los cambios sociales y culturales.

No obstante, desde un criterio particular podemos postular como definición del Derecho, que es un sistema de normas y principios que regulan la conducta humana y establecen el conjunto de deberes y derechos de las personas y las organizaciones en una sociedad; asimismo, también es una herramienta para garantizar la justicia y la igualdad ante la ley, y para resolver conflictos y regular las relaciones sociales, económicas y políticas.

2.3. ¿El concepto de derecho se reduce únicamente a las normas?

No, el concepto de derecho no se reduce únicamente a las normas. Aunque las normas jurídicas son un aspecto esencial del derecho, el derecho es un fenómeno mucho más amplio y complejo que incluye muchos otros elementos además de las normas.

Además de las normas, el derecho también incluye instituciones, procedimientos y valores que lo sustentan y le dan sentido. Por ejemplo, el derecho incluye tribunales, abogados y jueces, que son responsables de interpretar y aplicar las normas jurídicas y de resolver conflictos. También incluye valores como la justicia, la igualdad ante la ley y la protección de los derechos y libertades individuales.

Por lo tanto, el derecho no se reduce únicamente a las normas, sino que es un sistema complejo de normas, instituciones, procedimientos y valores que trabajan juntos para regulaciones la conducta humana y garantizar la justicia y la equidad en una sociedad.

2.4. ¿El derecho es ciencia o una simple disciplina?

El debate sobre si el derecho es una ciencia o no es uno que ha persistido a lo largo de la historia y que todavía sigue siendo objeto de discusión en la actualidad.

Por un lado, hay quienes argumentan que el derecho es una ciencia porque utiliza métodos sistemáticos y lógicos para la interpretación y aplicación de las normas jurídicas. Estos métodos incluyen el análisis de la legislación y de la jurisprudencia, la interpretación de los textos legales y la aplicación de los principios jurídicos a situaciones concretas.

Por otro lado, hay quienes argumentan que el derecho no es una ciencia porque no es objetivo y está influenciado por factores sociales, políticos y culturales. Además, los juristas tienen la libertad de interpretar las normas y los hechos de manera distinta, lo que genera diferentes opiniones y perspectivas sobre el mismo asunto.

En resumen, el debate sobre si el derecho es una ciencia o no sigue siendo un tema controversial y depende en gran medida de la perspectiva y enfoque individual de cada persona. Algunos lo ven como una ciencia por su carácter sistemático y objetivo, mientras que otros lo ven como una disciplina autónoma por su influencia por factores sociales, políticos y culturales.

2.4.1. ¿Si el derecho fuese una ciencia no tendría leyes científicas?

El derecho y las ciencias naturales son disciplinas distintas, y sus leyes y normas también lo son.

Las leyes científicas describen los fenómenos naturales y sus relaciones causales, y son generalmente válidas en todo lugar y tiempo. Por ejemplo, la ley de la gravedad describe cómo los objetos se atraen entre sí en función de su masa y distancia.

Por otro lado, las normas jurídicas describen lo que es permitido y lo que no lo es en una sociedad determinada. Estas normas están establecidas por las autoridades competentes y pueden ser cambiadas o modificadas a través del proceso político. Por ejemplo, una ley que prohíbe conducir con una tasa de alcohol en sangre superior a un cierto límite establecido por la ley.

En resumen, las leyes científicas describen los fenómenos naturales y sus relaciones causales, mientras que las normas jurídicas describen lo que está permitido y lo que no lo está en una sociedad determinada. Aunque el derecho puede ser considerado una ciencia en ciertos aspectos, no tiene leyes científicas propias y su aplicación depende en gran medida de factores políticos y culturales.

2.4.2. ¿Si no tiene leyes científicas el término ciencia para catalogar al derecho es ficticio?

Desde un punto de vista estrictamente científico, el derecho no es una ciencia en el sentido tradicional, ya que no tiene leyes científicas precisas y universales. Sin embargo, se puede argumentar que el derecho tiene algunos aspectos científicos, como la utilización de métodos sistemáticos y lógicos para la interpretación y aplicación de las normas jurídicas.

19

En lugar de ver al derecho como una ciencia o no, algunos expertos lo ven como una disciplina autónoma que combina elementos de la ciencia, la filosofía y la política. La aplicación del derecho depende en gran medida de la interpretación y aplicación por parte de los juristas, lo que genera una gran variedad de opiniones y perspectivas sobre el mismo asunto.

En resumen, si bien el derecho no es una ciencia en el sentido tradicional de la palabra, su carácter sistemático y su utilización de métodos lógicos y sistemáticos lo hacen distinto a otras disciplinas sociales y humanas.

2.4.3.   ¿El derecho utiliza el método científico?

El derecho no utiliza el método científico en el mismo sentido que las ciencias naturales o sociales. El método científico implica una investigación sistemática y rigurosa para obtener conocimiento objetivo y verificable sobre un tema.

En cambio, el derecho es una disciplina normativa y valorativa que se ocupa de regular la conducta humana y proteger los derechos y libertades de las personas. La aplicación del derecho implica la interpretación y aplicación de normas y leyes existentes, y la solución de conflictos a través de la resolución de controversias y la toma de decisiones judiciales.

Sin embargo, algunos argumentan que el derecho puede utilizar algunos aspectos del método científico, como la investigación empírica y la recolección y análisis de datos, para informar su aplicación y evolución. Pero en general, el derecho no se considera una ciencia en el sentido tradicional y se basa más en la interpretación y la toma de decisiones basadas en valores y principios.

2.4.4. ¿En qué sentido el derecho es distinto a otras disciplinas sociales y humanas?

El derecho se distingue de otras disciplinas sociales y humanas en varios aspectos:

1. **Fundamentación**: El derecho tiene una base normativa y jurídica que lo diferencia de otras disciplinas sociales y humanas, como la sociología o la filosofía, que no están basadas en normas jurídicas sino en teorías y conceptos más amplios.

2. **Objetivo**: El derecho tiene como objetivo regular las relaciones sociales y proteger los derechos y libertades de las personas, mientras que otras disciplinas sociales y humanas pueden tener objetivos distintos, como el estudio de la sociedad o la exploración de conceptos filosóficos.

3. **Enfoque**: El derecho se centra en la interpretación y aplicación de las normas jurídicas, mientras que otras disciplinas sociales y humanas pueden tener un enfoque más amplio y general.

4. **Aplicación práctica**: El derecho es una disciplina aplicable que tiene un impacto directo en la vida cotidiana de las personas, mientras que otras disciplinas sociales y humanas pueden tener un enfoque más teórico.

En resumen, el derecho es una disciplina única y distinta de otras disciplinas sociales y humanas debido a su base normativa y jurídica, su objetivo específico, su enfoque y su aplicación práctica. Sin embargo, también es cierto que existe una interrelación y complementariedad entre el derecho y otras disciplinas sociales y humanas, y muchas veces se utilizan conceptos y teorías de otras disciplinas para ayudar en la interpretación y aplicación del derecho.

2.4.5. ¿El derecho es una disciplina compleja?

Sí, el derecho puede ser considerado una disciplina compleja. Esto se debe a varios factores, como:

1. **Complejidad normativa**: Las normas jurídicas pueden ser complejas y requieren una interpretación y aplicación cuidadosa y rigurosa.

2. **Multidisciplinariedad**: El derecho aborda una amplia variedad de temas y se relaciona con muchas otras disciplinas, lo que puede resultar en una amplia gama de perspectivas y enfoques diferentes.

3. **Evolución constante**: El derecho es una disciplina en constante evolución, con la creación y modificación de normas y leyes que responden a los cambios en la sociedad y la tecnología.

4. **Complexidad social**: Las relaciones sociales y políticas pueden ser complejas y variadas, y el derecho debe regularlas y proteger los derechos de las personas de manera equitativa.

En resumen, la complejidad del derecho es un resultado de la complejidad de la sociedad y la vida humana, y la necesidad de regular y proteger los derechos y libertades de las personas de manera efectiva. Por lo tanto, el derecho es una disciplina compleja pero importante que requiere una comprensión profunda y un enfoque riguroso.

2.4.6. ¿Existen fenómenos universales en el derecho?

Sí, existen algunos fenómenos universales en el derecho que se encuentran en muchas sociedades y culturas diferentes en todo el mundo. Estos incluyen:

1. **Protección de los derechos humanos**: La mayoría de las sociedades reconocen ciertos derechos fundamentales de las personas, como la libertad de expresión, el derecho a un juicio justo y la protección contra la discriminación.

2. **Regulación de la propiedad**: La mayoría de las sociedades tienen leyes que regulan la propiedad, incluyendo la adquisición, transferencia y protección de la propiedad.

3. **Regulación de las relaciones contractuales**: Las sociedades regulan las relaciones contractuales entre las personas y establecen las reglas para el cumplimiento de los contratos.

4. **Regulación de la familia**: Muchas sociedades tienen leyes que regulan las relaciones familiares, incluyendo el matrimonio, la adopción y la custodia de los hijos.

Estos fenómenos universales demuestran la importancia universal de proteger los derechos y libertades de las personas y de regular las relaciones sociales y económicas para promover la justicia y la equidad. Sin embargo, la forma en que estos fenómenos son regulados y protegidos puede variar considerablemente entre las diferentes sociedades y culturas.

2.4.7. ¿La presencia de fenómenos universales en el derecho implica que con el tiempo se desarrollen teorías universales en el derecho?

La presencia de fenómenos universales en el derecho puede ser un indicador de que es posible desarrollar teorías universales en el derecho. Sin embargo, el derecho es una disciplina social y humana que está fuertemente influenciado por las normas y valores culturales, políticos y económicos de cada sociedad. Por lo tanto, es posible que la evolución y el desarrollo del derecho en diferentes sociedades no siga un patrón uniforme.

Además, el derecho es una disciplina en constante evolución y cambio, y los fenómenos universales pueden ser interpretados y regulados de diferentes maneras en diferentes sociedades y culturas. Por lo tanto, aunque la presencia de fenómenos universales en el derecho puede ser un factor importante, es posible que no sea suficiente para desarrollar teorías universales en el derecho.

En resumen, el derecho es una disciplina compleja y diversa, y aunque puede haber ciertos fenómenos universales, es difícil desarrollar teorías universales en el derecho debido a las influencias culturales, políticas y económicas que pueden variar considerablemente entre las diferentes sociedades y culturas.

2.4.8. ¿Desde un enfoque práctico es importante definir al derecho como una ciencia o no?

Desde un enfoque práctico, la definición de si el derecho es una ciencia o no puede ser importante en términos de cómo se entiende y se aplica el derecho en la sociedad.

Por un lado, si se considera al derecho como una ciencia, se puede esperar que se utilice un enfoque más riguroso y sistemático en la investigación y el análisis de los problemas legales, y que se apliquen métodos científicos para resolverlos.

Por otro lado, si se considera al derecho como una disciplina que no es una ciencia, se puede dar más importancia a factores sociales, políticos y culturales en la formulación y aplicación de las leyes, y se puede considerar al derecho como una disciplina más humana y flexible.

En ambos casos, la forma en que se entiende y se aplica el derecho puede tener un impacto significativo en la sociedad, y es importante tener en cuenta tanto los aspectos científicos como los aspectos sociales, políticos y culturales al abordar problemas legales.

En conclusión, desde un enfoque práctico, la definición de si el derecho es una ciencia o no puede ser importante porque puede influir en la forma en que se entiende y se aplica el derecho en la sociedad.

2.4.9. ¿Cómo se concibe al derecho desde un enfoque práctico?

Desde un enfoque práctico, el derecho se enfoca en la resolución efectiva de problemas legales y en la aplicación de las leyes de manera justa y equitativa. Para ello, se requiere una comprensión profunda de las leyes y cómo se aplican en situaciones específicas, así como una habilidad para aplicar estas leyes de manera creativa y efectiva para resolver problemas complejos.

Desde un enfoque práctico, el derecho también se ve como una herramienta para proteger los derechos y libertades individuales, promover la igualdad y la justicia social, y garantizar la estabilidad y el orden en la sociedad. En este sentido, el derecho práctico es esencial para el bienestar y la protección de los ciudadanos y la sociedad en su conjunto.

2.5. Las fuentes del derecho.

La fuente del derecho es aquel elemento o institución que genera, desarrolla y aplica las normas jurídicas. En otras palabras, una fuente del derecho es aquello a partir de lo cual se originan y se desarrollan las normas y principios jurídicos que rigen en una sociedad.

Las fuentes del derecho pueden ser diversas, desde la Constitución, las leyes y los reglamentos dictados por el poder legislativo y ejecutivo, hasta la jurisprudencia, la doctrina y la costumbre. Cada fuente del derecho contribuye de manera diferente a la formación del derecho en una sociedad y, en muchos casos, más de una fuente

26

puede estar presente en la generación de una misma norma jurídica.

2.5.1. Las fuentes histórica del derecho.

Las fuentes históricas del derecho son aquellas que han sido importantes en la evolución del derecho a lo largo de la historia y que han sido determinantes en la formación de las normas y sistemas jurídicos actuales. Algunas de las fuentes históricas más importantes del derecho son:

1. **Derecho romano**: El derecho romano es una de las fuentes históricas más importantes del derecho occidental. Su influencia se extiende desde la época de la antigua Roma hasta la actualidad y muchos de sus principios y normas siguen siendo relevantes en el derecho actual.

2. **Derecho canónico**: El derecho canónico es el conjunto de normas jurídicas que regulan la vida de la Iglesia católica. Durante mucho tiempo, el derecho canónico fue una de las fuentes más importantes de derecho en Europa y ejerció una gran influencia en el desarrollo del derecho civil.

3. **Fuentes germánicas**: El derecho germánico es una de las fuentes históricas más importantes del derecho europeo. Se caracteriza por su origen en las leyes y costumbres tribales de las antiguas tribus germánicas y por su influencia en el desarrollo del derecho feudal.

4. **Fuentes hindúes y chinas**: El derecho hindú y el derecho chino son dos de las fuentes históricas más importantes de los sistemas jurídicos de

Asia. Ambos han tenido una gran influencia en la formación de los sistemas jurídicos de la región y siguen siendo relevantes en la actualidad.

Estas son algunas de las fuentes históricas más importantes del derecho, pero hay muchas otras que han contribuido a la evolución del derecho en diferentes regiones y épocas.

2.5.2. Las fuentes formales del derecho.

Las fuentes formales del derecho son aquellas que tienen un carácter escrito y normativo, es decir, están establecidas y reguladas por el Estado. Algunas de las fuentes formales del derecho incluyen:

1. **Las Constituciones**: Son el documento fundacional de un país y establecen las normas y principios superiores del Estado.

2. **Las leyes**: Son normas escritas emitidas por el poder legislativo que regulan la conducta humana en una sociedad.

3. **Los reglamentos**: Son normas escritas emitidas por una autoridad administrativa que regulan detalles específicos de una ley o de una política pública.

4. **Los tratados internacionales**: Son acuerdos entre países que establecen normas y principios que deben ser respetados por las partes.

5. **La jurisprudencia**: Son los fallos emitidos por los tribunales que tienen un valor normativo y

sirven como precedentes para futuros casos similares.

6. **Doctrina**: Son los escritos de los expertos en derecho que analizan y explican las leyes, la jurisprudencia y otros aspectos del derecho. La doctrina es una fuente importante para la comprensión del derecho y su evolución.

7. **Costumbre**: Es el conjunto de prácticas sociales y tradiciones que se han convertido en normas jurídicas por su aceptación general y continuidad en el tiempo.

Estas fuentes formales del derecho son importantes ya que proporcionan un marco normativo claro y estable para la sociedad, permitiendo así que la gente pueda predecir y entender las consecuencias legales de sus acciones.

2.5.3. Las fuentes en el sistema common law.

En el common law, las fuentes del derecho incluyen principalmente la jurisprudencia y la tradición legal. La jurisprudencia, es decir, los fallos de los tribunales, es una fuente importante del derecho en el common law, ya que los tribunales son responsables de interpretar y aplicar la ley. La tradición legal, por otro lado, se refiere a las prácticas y costumbres legales que han surgido a lo largo del tiempo. Además de la jurisprudencia y la tradición legal, otras fuentes del derecho en el common law incluyen las leyes escritas y los tratados internacionales.

2.5.4. ¿Los principios generales del derecho son una fuente del derecho?

Sí, los principios generales del derecho son considerados una fuente del derecho en muchos sistemas jurídicos. Estos principios son normas abstractas y universales que guían la interpretación y aplicación del derecho y que están presentes en todo sistema jurídico, aunque no estén escritos de manera explícita. Algunos ejemplos de principios generales del derecho incluyen la igualdad ante la ley, la presunción de inocencia, la prohibición de la retroactividad de la ley penal, entre otros.

Los principios generales del derecho son importantes porque permiten a los jueces y tribunales actuar con equidad e impartir justicia en situaciones no previstas expresamente por las normas escritas. Estos principios también pueden ser utilizados para complementar o interpretar las normas escritas en caso de que estas sean ambiguas o insuficientes. Sin embargo, la aplicación de los principios generales del derecho requiere una interpretación y análisis cuidadosos para asegurarse de que se apliquen de manera coherente y justa.

2.5.5. ¿Las fuentes del derecho son inmutables?

No, las fuentes del derecho no son inmutables. En muchos sistemas jurídicos, incluyendo el derecho positivo, las fuentes del derecho pueden ser modificadas o actualizadas a través del tiempo. Esto se debe a que el derecho está en constante evolución y debe adaptarse a los cambios sociales, políticos y económicos.

Por ejemplo, las leyes escritas pueden ser modificadas o repealadas por el poder legislativo. Las decisiones judiciales también pueden ser revisadas o revocadas por tribunales superiores. Incluso los principios generales del derecho pueden evolucionar con el tiempo a medida que cambian las circunstancias sociales y los valores.

Por lo tanto, es importante comprender que las fuentes del derecho no son inmutables y que deben ser revisadas y actualizadas periódicamente para mantener su relevancia y efectividad en la sociedad.

2.5.6. ¿La fuente del derecho puede ser modificado por voluntad popular?

En algunos sistemas jurídicos, la voluntad popular puede ser una fuente de derecho y, por lo tanto, puede influir en la creación o modificación de normas jurídicas. Por ejemplo, en un sistema de derecho constitucional, la Constitución puede ser modificada a través de un proceso de enmienda que involucra a la ciudadanía directamente.

Además, en algunos sistemas democráticos, el poder legislativo puede ser elegido directamente por el pueblo, lo que permite a la ciudadanía influir directamente en la creación de leyes.

Sin embargo, en otros sistemas jurídicos, la voluntad popular no es una fuente formal del derecho y la creación o modificación de normas jurídicas está limitada a los poderes constitucionales específicos, como el poder legislativo o el poder judicial.

En cualquier caso, es importante tener en cuenta que la voluntad popular no es la única fuente del derecho y que la protección de los derechos fundamentales y la justicia son responsabilidades clave del sistema jurídico.

2.6. La relación entre el derecho y otras disciplinas.

2.6.1. El derecho y la política.

El derecho y la política están estrechamente relacionados. En un sistema jurídico, la política es un medio para lograr objetivos y fines jurídicos. Por ejemplo, una política pública puede ser diseñada para proteger los derechos de los ciudadanos o para fomentar la justicia social.

Por otro lado, el derecho también influye en la política al establecer límites y regulaciones sobre la acción del poder político. La Constitución y otras leyes pueden limitar el poder de los órganos del gobierno y proteger los derechos individuales.

Además, el derecho puede ser utilizado como un medio para resolver conflictos políticos y para proteger los derechos de las minorías. Por ejemplo, la justicia puede ser invocada para proteger los derechos de los ciudadanos y garantizar que el gobierno actúe de manera justa y equitativa.

En resumen, la relación entre el derecho y la política es compleja y bidireccional, con el derecho influyendo en la política y la política influyendo en el derecho. Ambas disciplinas trabajan juntas para lograr objetivos comunes, como la protección de los derechos y la justicia social.

2.6.2. El derecho y la filosofía.

La relación entre el derecho y la filosofía es estrecha e interdependiente. La filosofía proporciona un marco teórico y conceptual para el estudio del derecho y, a su vez, el derecho puede proporcionar un terreno de aplicación y una fuente de cuestiones filosóficas.

En la antigüedad, la filosofía y el derecho eran vistos como disciplinas complementarias e interdependientes, y los filósofos antiguos, como Platón y Aristóteles, se ocuparon de cuestiones jurídicas y políticas.

En la Edad Media, el derecho romano y la filosofía cristiana desempeñaron un papel importante en la evolución del derecho y la filosofía.

En la modernidad, la filosofía del derecho se convirtió en una disciplina autónoma que se ocupa de cuestiones fundamentales sobre la naturaleza y las funciones del derecho, la justicia y la moralidad, y la relación entre el derecho y la sociedad.

En general, la filosofía y el derecho continúan siendo interdependientes y complementarias, y el estudio de una disciplina puede enriquecer y profundizar la comprensión de la otra.

2.6.3. El derecho y la sociología.

El derecho y la sociología tienen una relación interdependiente, ya que el derecho regula las relaciones sociales y, a su vez, las normas y las instituciones jurídicas son influenciadas por las condiciones y las dinámicas sociales. La sociología puede proporcionar una comprensión profunda de las raíces sociales y culturales de los fenómenos jurídicos, mientras que el derecho puede ser un instrumento para abordar y resolver problemas sociales. En este sentido, ambas disciplinas pueden complementarse y ayudar a desarrollar una comprensión más amplia y profunda de la sociedad y sus instituciones.

2.6.4. El derecho y la economía.

El derecho y la economía también tienen una relación interdependiente, ya que el derecho regula y afecta muchos aspectos de la actividad económica, como las contrataciones, la propiedad, la competencia, la regulación y la fiscalidad, entre otros. Por otro lado, la economía puede proporcionar una comprensión de cómo las normas y las instituciones jurídicas afectan la producción, el comercio, el empleo y los precios, y cómo estas influyen en la toma de decisiones y la conducta de los agentes económicos. Ambas disciplinas tienen un impacto mutuo en la vida económica y social, y la interacción entre ellas puede ser esencial para el desarrollo de políticas efectivas y la resolución de problemas económicos y jurídicos.

2.6.5. El derecho y la psicología.

El derecho y la psicología tienen una relación interdisciplinaria, donde la psicología puede ser una disciplina auxiliar en el estudio del derecho. La psicología puede aportar información relevante sobre el comportamiento humano en relación a normas jurídicas y a la toma de decisiones en contextos legales. Por ejemplo, en el ámbito del derecho penal, la psicología puede ayudar a comprender las motivaciones y razones detrás de un delito, así como a evaluar la capacidad de un acusado para ser considerado responsable de un delito. De manera similar, en el ámbito del derecho laboral, la psicología puede ser útil para evaluar la equidad en el trato laboral y la salud mental de los trabajadores. En resumen, la relación entre el derecho y la psicología es una colaboración que permite una comprensión más completa de las dinámicas humanas en contextos legales.

2.7. La tipología del derecho.

La tipología del derecho es una clasificación o categorización de las diferentes ramas o sistemas jurídicos existentes. Algunos de los criterios utilizados para esta clasificación son la naturaleza de las normas jurídicas, su origen y evolución histórica, la estructura de la sociedad a la que se aplica, entre otros. Algunos ejemplos de tipologías del derecho son:

- Derecho civil y derecho canónico: que se basan en el derecho romano y la tradición judeocristiana, respectivamente.

- Derecho común y derecho civilista: que se basan en el derecho inglés y el derecho francés, respectivamente.

- Derecho consuetudinario y derecho positivo: que se basan en costumbres y usos sociales, y en leyes y normas escritas, respectivamente.

- Derecho público y derecho privado: que regulan las relaciones entre los individuos y el Estado, y las relaciones entre particulares, respectivamente.

Esta clasificación no es exhaustiva y puede variar según el autor y la perspectiva que se adopte.

2.8.   Sujeto y objeto de derecho.

2.8.1.   Sujeto de derecho.

El sujeto de derecho es una persona o entidad a la que se reconoce la capacidad jurídica, es decir, la capacidad de ser titular de derechos y deberes y de realizar actos jurídicos. En otras palabras, el sujeto de derecho es el protagonista activo en el ámbito jurídico, y su papel en éste se encuentra regulado por las normas jurídicas.

Existen diferentes categorías de sujetos de derecho, como las personas físicas y las personas jurídicas. Las primeras son individuos concretos y las segundas son entidades creadas por la ley con personalidad jurídica propia.

En el derecho, es fundamental establecer la identidad y capacidad jurídica de los sujetos, ya que esto es esencial para determinar qué derechos y obligaciones tienen y para regular sus relaciones con otros sujetos de derecho.

2.8.2.   Objeto de derecho.

El objeto de derecho es aquello sobre lo que recae el ejercicio de las normas jurídicas, o aquello que está regulado por ellas. Esto incluye tanto las personas, las relaciones entre ellas, los bienes y las actividades humanas en general. De esta manera, el objeto de derecho es el objeto de la regulación jurídica, y su estudio es esencial para comprender el alcance y la aplicación de las normas jurídicas.

2.9. La situación y la relación jurídica.

2.9.1. Situación jurídica.

La situación jurídica es un concepto fundamental en el derecho, que hace referencia a la relación que existe entre un sujeto y un objeto de derecho. La situación jurídica puede ser descrita como una circunstancia en la que una persona goza de derechos y está obligada a cumplir con ciertas obligaciones en virtud de la normativa jurídica aplicable. Es decir, una situación jurídica se caracteriza por el ejercicio de derechos y la cumplimiento de obligaciones por parte de una persona, que se encuentran regulados por el derecho. La situación jurídica se puede configurar de distintas maneras, como por ejemplo en el caso de un contrato, una propiedad, un matrimonio, entre otros.

2.9.2. Relación jurídica.

Una relación jurídica es un vínculo entre dos o más personas o entidades regulado por el derecho. Este vínculo puede ser de carácter privado, como un contrato entre particulares, o de carácter público, como las relaciones entre un ciudadano y el Estado. Una relación jurídica se establece a través de la existencia de normas jurídicas que regulan los derechos y obligaciones de las partes involucradas. Estas normas pueden ser originadas por el derecho positivo, por la costumbre o por la jurisprudencia, y están destinadas a resolver conflictos y a mantener la paz social.

2.10. **¿El objeto del derecho es lo mismo que el objeto de la relación jurídica?**

No necesariamente. El objeto de la relación jurídica es un aspecto más específico del objeto del derecho. Mientras que el objeto del derecho puede ser más amplio y abarcar una variedad de relaciones, instituciones y bienes, la relación jurídica se refiere específicamente a la interacción entre dos o más sujetos de derecho con respecto a un objeto o situación determinada. Por lo tanto, el objeto de la relación jurídica puede ser una parte del objeto del derecho, pero no necesariamente es igual a él.

2.11. **Dimensiones del derecho.**

Las dimensiones del derecho son aquellos aspectos o características que permiten identificar y comprender su naturaleza, funciones y alcance. Algunas de las dimensiones más relevantes del derecho son:

1. **Normatividad**: Esta dimensión se refiere a la capacidad del derecho de crear obligaciones y prohibiciones, estableciendo así un orden jurídico.

2. **Validez**: La dimensión de la validez se refiere a la existencia y vigencia de las normas jurídicas, así como a su grado de aceptación y respeto.

3. **Sistematicidad**: La dimensión sistemática hace referencia a la organización y coherencia de las normas jurídicas dentro de un sistema o orden jurídico.

4. **Imperatividad**: Esta dimensión se refiere a la capacidad del derecho de imponer obligaciones

y prohibiciones, generando una sanción o consecuencia jurídica en caso de incumplimiento.

5. **Autonomía**: La dimensión de la autonomía se refiere a la capacidad del derecho de establecer su propio orden y regulación, sin depender de otros factores externos.

6. **Objectividad**: La dimensión objetiva del derecho hace referencia a la existencia de normas y valores jurídicos objetivos y universales, independientes de la voluntad individual o colectiva.

2.12. La finalidad del derecho.

La finalidad del derecho es proteger y regular los intereses y las relaciones sociales de las personas en una sociedad, promoviendo la justicia, la igualdad y la paz social. El derecho busca establecer reglas claras y objetivas que permitan a las personas convivir de manera ordenada, resolver conflictos de manera pacífica y proteger sus derechos y libertades fundamentales. Además, el derecho también tiene como objetivo garantizar el bienestar y la seguridad de la sociedad en su conjunto, y promover el desarrollo económico y social. En resumen, la finalidad del derecho es mantener un equilibrio entre los intereses individuales y colectivos de las personas, y promover la justicia y el orden social.

CAPÍTULO III

SABER JURÍDICO

3.1. Concepto.

El "saber jurídico" es un término utilizado para describir el conocimiento y comprensión del derecho. Incluye el estudio de las normas y principios jurídicos, así como su aplicación a situaciones concretas. Además, el saber jurídico abarca la comprensión de la estructura y funcionamiento del sistema jurídico, la historia del derecho y su evolución, la interpretación de las normas jurídicas y su relación con otras disciplinas, entre otros aspectos. En definitiva, el saber jurídico es un conjunto de conocimientos y habilidades necesarias para comprender y aplicar el derecho en un contexto específico.

3.2. Dogmática jurídica.

La dogmática jurídica es una rama del conocimiento jurídico que se ocupa del estudio sistemático y teórico del derecho y sus normas. Se concentra en la identificación, interpretación, clasificación y sistematización de las normas jurídicas, así como en la elaboración de una teoría general del derecho y de sus instituciones. La dogmática jurídica se centra en el estudio de la normatividad jurídica y en la formulación de una teoría del derecho que sirva como base para la interpretación y la aplicación del derecho.

3.3. Teoría general del derecho.

La teoría general del derecho es una rama del estudio del derecho que se ocupa de analizar y explicar los conceptos fundamentales y las categorías básicas que definen y estructuran el derecho. Se trata de una reflexión teórica sobre la naturaleza y objeto del derecho, sus principios y valores, sus fuentes, su aplicación y sus fines. La teoría general del derecho es una disciplina interdisciplinaria que tiene relaciones con la filosofía, la sociología, la política, la economía y otras ciencias sociales y humanas. Se considera una disciplina fundamental para el entendimiento y el desarrollo del derecho, ya que proporciona un marco teórico que permite la comprensión y la interpretación de las normas jurídicas.

3.4. Sociología del derecho.

La sociología del derecho es una disciplina interdisciplinaria que estudia las relaciones entre el derecho y la sociedad. Se preocupa por el análisis de los fenómenos jurídicos desde una perspectiva sociológica, abarcando temas como la formación y aplicación del derecho, la estructura y funcionamiento de los sistemas jurídicos, la percepción social de la justicia y la relación entre el derecho y la moral. La sociología del derecho también analiza las raíces históricas y sociales del derecho, así como la influencia de las estructuras sociales y culturales en la producción y aplicación del derecho.

3.5. Lógica jurídica.

La lógica jurídica es una rama de la lógica formal que se ocupa de estudiar las normas y argumentos jurídicos. Esta disciplina busca entender cómo funcionan los argumentos y la estructura de las normas jurídicas, y cómo pueden ser evaluados en términos de su validez y coherencia. La lógica jurídica es importante porque permite a los juristas y los tribunales evaluar la argumentación y las normas jurídicas de una manera sistemática y rigurosa, y también puede ser utilizada para desarrollar teorías y modelos formales para la interpretación y aplicación del derecho.

3.6. Informática jurídica.

La informática jurídica es una disciplina que estudia la interacción entre el derecho y la tecnología de la información. Se centra en cómo las nuevas tecnologías afectan el derecho y en cómo el derecho puede ser utilizado para regular y guiar el uso de la tecnología. La informática jurídica también se preocupa por cuestiones como la privacidad en línea, la protección de datos, el derecho de autor y la regulación de internet.

3.7. Historia del derecho.

La historia del derecho es una disciplina que se encarga del estudio del desarrollo histórico del derecho. Estudia la evolución de las normas jurídicas a lo largo de la historia, incluyendo las instituciones jurídicas, las teorías y sistemas legales, los procesos de creación y aplicación de las normas, y la influencia de factores políticos, sociales, culturales y económicos en la formación y evolución del derecho. La historia del derecho es importante para entender el contexto y las raíces de las normas jurídicas actuales y para mejorar la interpretación y aplicación del derecho.

3.8. El derecho comparado.

El derecho comparado es una disciplina que se ocupa del estudio comparativo de las diferentes sistemas jurídicos en diferentes países o regiones del mundo. Se enfoca en el análisis de las diferencias y similitudes entre las leyes, los procesos jurídicos y las instituciones legales de diferentes sistemas jurídicos, con el fin de identificar tendencias, desafíos y oportunidades en el desarrollo del derecho a nivel global. La comparación puede ser tanto diacrónica (en el tiempo) como sincrónica (en un momento determinado). Este enfoque permite una mejor comprensión de las leyes y su evolución, así como de la influencia de factores culturales, políticos y económicos en el desarrollo del derecho.

3.9.   Antropología jurídica.

La antropología jurídica es una disciplina que estudia el derecho en su dimensión cultural y social, y su relación con las diferentes sociedades humanas. Se enfoca en la comprensión de las prácticas y normas jurídicas en contextos culturales específicos, y su evolución a lo largo del tiempo. La antropología jurídica también se interesa por la forma en que las normas jurídicas son producidas, aplicadas y negociadas en las diferentes sociedades, y por las tensiones y conflictos que surgen entre el derecho y las prácticas culturales. En resumen, la antropología jurídica busca entender el derecho como un producto social y cultural, y cómo funciona en diferentes contextos y culturas.

3.10.   Psicología jurídica.

La psicología jurídica es una disciplina interdisciplinaria que combina los conocimientos de la psicología y el derecho. Se centra en el estudio de la conducta humana en relación con el sistema jurídico y cómo ésta puede afectar a la toma de decisiones jurídicas. Algunos de los temas que aborda la psicología jurídica incluyen la influencia de las emociones en la percepción de la justicia, la valoración de la prueba, la determinación de la capacidad de comprender y asumir responsabilidades, y el análisis de las motivaciones detrás de la conducta delictiva. La psicología jurídica también se utiliza en la resolución de conflictos y en la formación de políticas públicas.

3.11. Teoría económica del derecho.

La teoría económica del derecho es una disciplina que busca explicar y analizar el funcionamiento del derecho desde una perspectiva económica. Esta disciplina se ocupa de cómo los incentivos económicos influyen en la formación y aplicación del derecho, y de cómo el derecho, a su vez, afecta a la economía. La teoría económica del derecho se enfoca en cómo el derecho regula las actividades económicas y cómo las leyes e instituciones jurídicas influyen en el comportamiento humano. Por ejemplo, estudia cómo el derecho de propiedad puede estimular o limitar la inversión y la innovación, cómo las leyes sobre contratos y competencia pueden influir en la eficiencia económica, y cómo las leyes de protección de los derechos de autor y patentes pueden afectar a la innovación tecnológica y la transferencia de conocimiento.

3.12. Filosofía del derecho.

La filosofía del derecho es una rama de la filosofía que se ocupa del estudio de los conceptos fundamentales del derecho, como la justicia, la autoridad, la responsabilidad y los derechos humanos. También se interesa por los dilemas éticos y políticos que surgen en el ámbito jurídico, así como por las implicaciones filosóficas de las normas jurídicas y del sistema legal en su conjunto.

En la filosofía del derecho, se discuten cuestiones como: ¿Cuáles son los fundamentos éticos y políticos del derecho?, ¿Cómo deben ser interpretadas las normas jurídicas?, ¿Qué papel desempeña la justicia en el derecho?, entre otras. La filosofía del derecho es una disciplina interdisciplinaria que involucra aspectos de la filosofía política, moral y social, así como de la historia y la teoría del derecho.

3.12.1.   El problema del *ser* en el derecho.

El "problema del ser" en el derecho se refiere a la cuestión fundamental de la existencia y naturaleza del derecho. La filosofía del derecho ha debatido durante siglos sobre cómo definir y comprender el derecho y su relación con otros aspectos de la vida humana, como la moral, la política y la sociedad.

El problema del ser en el derecho plantea preguntas como: ¿Qué es el derecho? ¿Cuáles son sus características esenciales? ¿Cómo se relaciona con otros aspectos de la sociedad, como la moral y la política? ¿Qué papel desempeña el derecho en la vida de las personas y de la sociedad en general?

La filosofía del derecho busca responder a estas preguntas y proporcionar una comprensión profunda y fundamentada del derecho y su lugar en la sociedad. Algunos filósofos del derecho han abogado por un enfoque formalista, en el que el derecho se define y comprende a través de su estructura y forma, mientras que otros abogan por un enfoque materialista, en el que el derecho se comprende en función de su relación con la sociedad y la moral.

3.12.2. El problema del *deber ser* en el derecho.

El problema del "deber ser" en el derecho se refiere a la tensión entre lo que es y lo que debería ser en el ámbito jurídico. En otras palabras, se trata de la relación entre el derecho positivo y el derecho ideal.

Por un lado, el derecho positivo son las normas y leyes que existen efectivamente en una sociedad y que son aplicables a los ciudadanos. Por otro lado, el derecho ideal es aquel que se basa en valores y principios éticos, y que debería regir las relaciones humanas si se respetaran plenamente estos valores y principios.

El problema del "deber ser" en el derecho se refiere a la diferencia entre estos dos conceptos y a la tensión entre lo que el derecho efectivamente es y lo que debería ser para garantizar una sociedad justa y equitativa. La filosofía del derecho y la teoría general del derecho se han ocupado de abordar este problema a lo largo de la historia, buscando una conciliación entre los derechos positivos y los derechos ideales.

CAPÍTULO IV

NORMA JURÍDICA

4.1. Definición.

Una norma jurídica es una regla o principio que rige la conducta humana en una sociedad y que tiene la autoridad y el poder para ser aplicado y hacer cumplir por el Estado. La norma jurídica puede ser formal o material, y puede ser de carácter obligatorio o facultativo.

Desde una perspectiva formal, la norma jurídica es un enunciado que cumple con ciertos requisitos, como la claridad, la coherencia y la universalidad, y que ha sido creada a través de un proceso legal.

Desde una perspectiva material, la norma jurídica es un enunciado que busca proteger un interés social o individual y que ha sido aceptado y reconocido como válido en una sociedad determinada.

En resumen, la norma jurídica es una regla o principio que regula la conducta humana en una sociedad, y que ha sido creada a través de un proceso legal y que tiene la autoridad y el poder para ser aplicada y hacer cumplir por el Estado.

4.2. Finalidad de la norma jurídica.

La finalidad de la norma jurídica es regular y ordenar la conducta humana en sociedad, garantizando la convivencia pacífica y el cumplimiento de los derechos y deberes de los individuos y grupos sociales. La norma jurídica establece límites a la libertad individual y protege los derechos fundamentales y las garantías constitucionales. Además, la norma jurídica también tiene como objetivo regular las relaciones entre las personas y entre las personas y el Estado, y fomentar el desarrollo social y económico de la sociedad. En resumen, la finalidad de la norma jurídica es contribuir al bienestar colectivo y a la justicia social.

4.3. ¿Cuándo hablamos de norma jurídica nos referimos necesariamente a normas escritas?

No, no necesariamente. Las normas jurídicas pueden ser tanto escritas como no escritas. Las normas escritas incluyen leyes, reglamentos y códigos, mientras que las normas no escritas incluyen usos y costumbres, tradiciones y prácticas culturales, entre otros. Además, las normas jurídicas también pueden ser formales o informales. Las normas formales se refieren a aquellas que se han codificado y están escritas en un documento oficial, mientras que las normas informales son aquellas que se han desarrollado a lo largo del tiempo y no están necesariamente escritas.

4.4. ¿La norma jurídica puede responder a deseos de la voluntad popular?

Sí, la norma jurídica puede responder a los deseos y necesidades de la voluntad popular en ciertas democracias que reconocen la participación popular en la creación del derecho. En estos sistemas, la norma jurídica puede ser creada y modificada a través de mecanismos de democracia directa, como referéndums, o indirecta, como elecciones y representación política.

Sin embargo, en otros sistemas, la norma jurídica puede ser creada y modificada por una élite política o por un poder judicial independiente, sin necesidad de consultar directamente a la voluntad popular. En estos casos, la norma jurídica puede ser vista como una respuesta a una serie de valores y principios más amplios que no necesariamente reflejan los deseos de la mayoría en un momento determinado.

En ambos casos, la norma jurídica se crea con la finalidad de regular y ordenar la sociedad y proteger los derechos y libertades de los individuos y grupos sociales.

4.5.   Dimensiones de la norma jurídica.

Las dimensiones de la norma jurídica son aspectos importantes que se deben considerar para comprender su naturaleza y funcionamiento. Estas dimensiones incluyen:

1. **La dimensión material**: Refiere a la materia o contenido de la norma jurídica, es decir, lo que la norma regula o prohíbe.

2. **La dimensión formal**: Se refiere a la forma en que la norma jurídica está estructurada, sus características formales, su elaboración y su publicación.

3. **La dimensión valorativa**: Refiere a los valores y principios que subyacen en la norma jurídica y que justifican su existencia y aplicación.

4. **La dimensión teleológica**: Refiere a la finalidad o objetivo perseguido por la norma jurídica.

5. **La dimensión eficacia**: Refiere a la capacidad de la norma jurídica para producir efectos y ser aplicada por los órganos del Estado y los particulares.

Es importante tener en cuenta estas dimensiones para comprender la complejidad y la dinámica de la norma jurídica, así como para poder interpretarla y aplicarla de manera adecuada.

4.6.   Estructura de la norma jurídica.

La estructura de la norma jurídica está compuesta por tres elementos esenciales: la norma, el contenido y el sujeto.

1. **La norma**: se refiere al texto formal que contiene las reglas jurídicas, ya sean escritas o no escritas.

2. **El contenido**: es el significado o la finalidad de la norma, es decir, lo que la norma busca regular o prohibir.

3. **El sujeto**: son las personas o entidades a las que se aplica la norma, es decir, los destinatarios de la norma.

Estos tres elementos son los que conforman la estructura básica de la norma jurídica y deben ser considerados al momento de interpretar y aplicar una norma en particular.

4.7.   ¿Cómo se enlaza los elementos de la norma jurídica?

Los elementos de la norma jurídica se enlazan a través de su estructura y su relación con otros elementos del sistema jurídico. La norma jurídica está compuesta por su presupuesto normativo, su tipo de norma, su contenido normativo y su efecto normativo. Cada uno de estos elementos se encuentra interrelacionado y afecta a los demás, y todos ellos contribuyen a la formación y aplicación de la norma jurídica.

El presupuesto normativo, por ejemplo, establece los requisitos básicos que deben cumplirse para que una norma sea válida y aplicable. El tipo de norma define la naturaleza y alcance de la norma, mientras que el contenido normativo describe lo que la norma requiere o prohíbe. El efecto normativo establece las consecuencias legales que resultan de la aplicación de la norma.

Todos estos elementos se encuentran interrelacionados y se influencian mutuamente. Por ejemplo, el presupuesto normativo puede influir en el contenido y el efecto normativo de una norma, mientras que el tipo de norma puede afectar la aplicación y el alcance de la norma. De esta manera, los elementos de la norma jurídica se enlazan y contribuyen a la formación y aplicación de un sistema jurídico eficiente y justo.

4.8. Presupuesto normativo.

El presupuesto normativo es una parte fundamental del análisis de la norma jurídica. Se refiere a los supuestos o requisitos que deben existir para que una norma jurídica tenga efecto y pueda ser aplicada. Estos presupuestos incluyen factores como la competencia del legislador para dictar la norma, la forma adecuada en que se dictó la norma, y la relación entre la norma y otras normas existentes.

Además, el presupuesto normativo también puede incluir consideraciones políticas, sociales y éticas que deben ser tenidas en cuenta en la aplicación de la norma. Por ejemplo, una norma puede requerir una justificación adecuada o un proceso de consulta con las partes interesadas antes de su aplicación.

En general, el presupuesto normativo es importante para garantizar la validez y aplicabilidad de la norma jurídica y para proteger los derechos y libertades fundamentales de los individuos y las comunidades.

4.8.1. ¿El presupuesto normativo varía dependiendo el tipo de sociedad?

Sí, el presupuesto normativo puede variar dependiendo del tipo de sociedad en la que se desarrolla el derecho. En una sociedad democrática, el presupuesto normativo puede estar basado en la voluntad popular expresada a través de las leyes y las instituciones políticas. En una sociedad teocrática, el presupuesto normativo puede estar basado en los dictámenes religiosos y en la interpretación de los textos sagrados. En una sociedad autoritaria, el presupuesto normativo puede estar basado en la voluntad del líder o del grupo gobernante. Por lo tanto, el presupuesto normativo puede variar dependiendo de las normas culturales, políticas y sociales de la sociedad en la que se desarrolla el derecho.

4.8.2. ¿Cuáles son los típicos presupuestos normativos que existen?

Los presupuestos normativos son los elementos esenciales que deben existir para que una norma tenga validez y eficacia jurídica. Algunos de los presupuestos normativos más típicos son:

1. **Competencia normativa**: El órgano o entidad encargada de emitir la norma debe tener la competencia para hacerlo.

2. **Formalidad**: La norma debe ser emitida de acuerdo con un proceso formal previsto en la ley.

3. **Legalidad**: La norma debe ser compatible con la Constitución y el ordenamiento jurídico.

4. **Supuestos** de hecho: La norma debe estar basada en una situación de hecho real y concreta.

5. **Finalidad**: La norma debe tener una finalidad legítima y no contraria a la moral, al orden público o a los derechos fundamentales.

Estos son algunos de los presupuestos normativos más típicos, pero pueden variar dependiendo del sistema jurídico y el tipo de norma en cuestión.

4.9. El tipo de norma como parte fundamental de la norma jurídica.

El tipo de norma es un aspecto fundamental de la norma jurídica, ya que permite clasificar las normas jurídicas en categorías específicas. Esta clasificación se realiza en base a diferentes criterios, como la forma en que se crean las normas, su contenido o su grado de generalidad.

Algunos de los tipos de normas jurídicas más comunes son:

- **Las normas constitucionales**: son aquellas que se encuentran en la Constitución y regulan la organización política y las relaciones entre los poderes del Estado.

- **Las normas legales**: son aquellas emitidas por el poder legislativo y regulan la vida social y económica de la sociedad.

- **Las normas reglamentarias**: son aquellas emitidas por los órganos administrativos y complementan o desarrollan las normas legales.

- **Las normas judiciales**: son aquellas emitidas por los tribunales y regulan los casos concretos que se les presentan.

- **Las normas convencionales**: son aquellas acordadas por las partes en un contrato y regulan sus relaciones entre ellas.

Estos son solo algunos ejemplos de los diferentes tipos de normas jurídicas que existen, y su clasificación puede variar en función del sistema jurídico que se esté considerando. En todo caso, la identificación y comprensión del tipo de norma es esencial para interpretar y aplicar correctamente el derecho en una sociedad determinada.

4.10. Contenido normativo.

El contenido normativo es un elemento fundamental de la norma jurídica y se refiere a la información que se encuentra en una norma específica. Esta información puede incluir los derechos y deberes de los individuos, las obligaciones de las empresas y organizaciones, las sanciones por incumplimiento de la norma, entre otros.

El contenido normativo es importante porque es el que determina cómo se aplicará la norma jurídica en una situación específica. Por lo tanto, es importante conocer detalladamente el contenido normativo para poder comprender la aplicación de la norma jurídica y sus implicaciones. Además, el contenido normativo también puede ser influenciado por otros factores, como las políticas públicas, la cultura, la sociedad y el desarrollo tecnológico.

Es importante tener en cuenta que el contenido normativo puede cambiar con el tiempo debido a la evolución de la sociedad, la economía y otros factores relevantes. Por lo tanto, es importante revisar regularmente el contenido normativo para mantenerse actualizado sobre las normas jurídicas que aplican en una situación específica.

4.10.1.   Clasificación del contenido normativo.

El contenido normativo puede ser clasificado de diversas formas, dependiendo de la perspectiva desde la que se considere. Una forma común de clasificación es según su naturaleza:

1. **Contenido material**: se refiere a la parte sustantiva de la norma, es decir, a aquello que se regula o se establece como obligatorio o prohibido.

2. **Contenido formal**: se refiere a las características formales de la norma, es decir, su estructura, su forma de elaboración y aprobación, entre otros aspectos.

Otra forma de clasificación es según su alcance o su grado de generalidad:

1. **Normas generales**: son aquellas que tienen un alcance amplio y aplicable a una gran cantidad de situaciones.

2. **Normas especiales**: son aquellas que regulan situaciones concretas y específicas, y tienen un

57

alcance más restringido que las normas generales.

Además, también se pueden clasificar según su fuente de producción:

1. **Normas positivas**: son aquellas que son producidas y aprobadas por el poder público o por organismos públicos.

2. **Normas naturales**: son aquellas que se consideran válidas independientemente de cualquier autoridad o poder, y se basan en valores éticos o morales universalmente aceptados.

En resumen, la clasificación del contenido normativo depende de diversos factores, como su naturaleza, alcance o grado de generalidad, y fuente de producción, entre otros.

4.10.2. Los derechos como parte del contenido normativo.

Los derechos son una parte fundamental del contenido normativo en el derecho. Un derecho es una facultad o una posibilidad reconocida por el derecho a una persona o grupo de personas para realizar ciertas acciones o para no ser objeto de ciertas acciones por parte de otras personas o del Estado. Los derechos pueden ser individuales, colectivos o de carácter social y su protección y garantía es una función esencial del derecho.

La norma jurídica que reconoce un derecho establece las reglas y condiciones bajo las cuales este derecho puede ser ejercido y protegido, y también establece las limitaciones a su ejercicio en aras de proteger otros derechos o intereses legítimos.

Por lo tanto, el contenido normativo de un derecho es esencial para su protección y efectividad.

4.10.3. Los deberes como parte del contenido normativo.

Los deberes son una parte importante del contenido normativo de una norma jurídica. Un deber es una obligación que tiene un sujeto jurídico, y que debe cumplir de acuerdo a la norma jurídica aplicable. Algunos ejemplos de deberes incluyen el deber de respetar los derechos de los demás, el deber de pagar impuestos, y el deber de cumplir con las obligaciones contraídas en un contrato. Los deberes están estrechamente relacionados con los derechos, ya que un derecho supone un deber correspondiente de los demás de respetar ese derecho. La importancia de los deberes en el contenido normativo es fundamental para garantizar el funcionamiento armónico de la sociedad y el respeto a las normas jurídicas.

4.10.4. Las obligaciones como parte del contenido normativo.

Las obligaciones son un aspecto fundamental del contenido normativo. En términos jurídicos, una obligación es una relación jurídica que establece una exigencia para un sujeto de actuar o abstenerse de actuar en una determinada forma. Las obligaciones pueden surgir de una norma jurídica, de un contrato o de un acto jurídico, y su incumplimiento puede dar lugar a consecuencias jurídicas negativas, como la imposición de sanciones o la ejecución forzada. La obligación es un elemento importante en la regulación de las relaciones sociales y en la protección de los derechos y intereses de las personas y de la sociedad en general.

4.10.5. Las sanciones como parte del contenido normativo.

Las sanciones son una parte fundamental del contenido normativo. Las sanciones son medidas que se establecen para hacer cumplir las normas jurídicas y penalizar a aquellos que incumplen dichas normas. Estas sanciones pueden incluir multas, prisión, privación de derechos, etc. El objetivo de las sanciones es mantener el orden social y garantizar que los derechos y deberes establecidos por el derecho se respeten. Es importante tener en cuenta que las sanciones deben ser proporcionales al delito cometido y que deben respetar los derechos humanos y las garantías procesales.

4.11. Efecto normativo.

El efecto normativo es un aspecto importante de la norma jurídica que se refiere a las consecuencias y resultados que se derivan de su aplicación. Es decir, el efecto normativo describe la forma en que la norma afecta a los sujetos y a la realidad jurídica en general.

Existen diversos tipos de efecto normativo, como el efecto directo, que es la consecuencia inmediata de la aplicación de la norma; el efecto indirecto, que se refiere a las consecuencias a largo plazo de la aplicación de la norma; y el efecto personal, que se refiere a la forma en que la norma afecta a un individuo o grupo en particular.

Es importante tener en cuenta que el efecto normativo puede variar dependiendo de la norma y de la forma en que se aplica, y puede ser un factor clave en la interpretación y aplicación de la norma jurídica. Por lo tanto, es fundamental comprender el efecto normativo para una adecuada comprensión y aplicación del derecho.

4.11.1.   Clasificación del efecto normativo.

El efecto normativo se refiere a la influencia que tienen las normas y los valores culturales en la conducta humana. Se puede clasificar de diversas formas, dependiendo del enfoque que se le quiera dar, pero algunas de las clasificaciones más comunes son:

1. **Efecto normativo de la conformidad**: se refiere a la tendencia de las personas a adaptar su conducta a la de los demás para ser aceptados socialmente.

2. **Efecto normativo de la autoridad**: se refiere a la tendencia de las personas a seguir las normas y los valores establecidos por una autoridad reconocida, como el Estado o una organización.

3. **Efecto normativo del deseo de ser aprobado**: se refiere a la tendencia de las personas a seguir las normas y los valores establecidos por los demás para ser aceptados y aprobados por ellos.

4. **Efecto normativo de la identidad social**: se refiere a la tendencia de las personas a seguir las normas y los valores asociados con su grupo social, con el fin de mantener su identidad y sentido de pertenencia a ese grupo.

Estos son solo algunos ejemplos de cómo se puede clasificar el efecto normativo. En general, el efecto normativo se refiere a la influencia que ejercen las normas y los valores culturales en la conducta humana, y su importancia radica en que permite comprender cómo las personas toman decisiones y se comportan en situaciones sociales.

4.11.2. La importancia del efecto normativo en la estructura de la norma jurídica.

El efecto normativo es de gran importancia en la estructura de la norma jurídica, ya que es el que le da sentido y efecto a la norma. La norma jurídica es un conjunto de reglas y principios que regulan la conducta humana en una sociedad, pero su importancia radica en su capacidad para ser aplicadas y cumplidas por las personas. El efecto normativo es el que hace posible que la norma jurídica tenga un impacto real en la vida de las personas.

Además, el efecto normativo es un factor importante en la formación y evolución de las normas jurídicas. La sociedad cambia y evoluciona, y estos cambios afectan a la forma en que se entienden y se aplican las normas jurídicas. La percepción y la influencia de las normas culturales pueden cambiar con el tiempo, lo que puede llevar a una revisión y reevaluación de las normas jurídicas existentes.

Por lo tanto, la importancia del efecto normativo en la estructura de la norma jurídica radica en que permite a la norma ser aplicada y cumplida, y también en su capacidad para influir en la formación y evolución de las normas jurídicas.

Esto significa que el efecto normativo es un elemento clave en la estructura de la norma jurídica, ya que permite que la norma tenga un impacto real en la sociedad y que la sociedad influya en la formación y evolución de la norma.

4.12. La relación lógica dentro de la norma jurídica: supuesto fáctico-nexo-efecto jurídico.

La relación lógica dentro de la norma jurídica se refiere a la manera en que la norma jurídica establece una correspondencia entre un hecho o situación (supuesto fáctico) y un resultado o consecuencia jurídica (efecto jurídico). Este proceso se llama "nexo" o "conexión" y es el elemento clave que permite aplicar la norma jurídica a un caso concreto.

El supuesto fáctico es un hecho o situación que se presenta en la realidad y que está descrito o definido en la norma jurídica. Por ejemplo, un supuesto fáctico puede ser "el incumplimiento de un contrato".

El nexo es la relación lógica que existe entre el supuesto fáctico y el efecto jurídico. Es la manera en que la norma jurídica establece que, en el caso de que se presente un supuesto fáctico determinado, se producirá un efecto jurídico específico.

El efecto jurídico es la consecuencia o resultado que se produce en virtud de la norma jurídica. Por ejemplo, en el caso del incumplimiento de un contrato, el efecto jurídico puede ser una indemnización o la resolución del contrato.

La relación lógica entre supuesto fáctico, nexo y efecto jurídico es esencial en el funcionamiento de la norma jurídica. Permite aplicar la norma a un caso concreto y determinar las consecuencias jurídicas que corresponden a ese caso. Además, permite predecir y prever el resultado de una situación jurídica y, por lo tanto, ayuda a resolver conflictos y a establecer un orden jurídico claro y predecible.

4.12.1. Supuesto fáctico.

El supuesto fáctico es un elemento fundamental en la aplicación de la norma jurídica y su importancia radica en que es el punto de partida para determinar la aplicación de la norma. Algunas características adicionales que podríamos mencionar son las siguientes:

1. **Descripción detallada**: El supuesto fáctico debe ser descrito de manera detallada y precisa para que la norma jurídica pueda ser aplicada de manera efectiva.

2. **Relevancia**: El supuesto fáctico debe ser relevante y estar relacionado directamente con la norma jurídica que se quiere aplicar.

3. **Verificabilidad**: El supuesto fáctico debe ser verificable y puede ser probado mediante la presentación de pruebas y evidencias.

4. **Flexibilidad**: El supuesto fáctico debe ser flexible y puede ser interpretado de manera amplia o restringida, dependiendo del contexto y las circunstancias del caso concreto.

5. **Evolución**: El supuesto fáctico puede evolucionar con el tiempo y ajustarse a los cambios sociales y culturales que se producen en la sociedad.

En conclusión, el supuesto fáctico es un elemento clave en la aplicación de la norma jurídica y su importancia radica en que es la base para determinar la aplicación de la norma y las consecuencias jurídicas correspondientes.

4.12.2. El nexo.

El nexo es una relación lógica que existe entre el supuesto fáctico y el efecto jurídico en la norma jurídica. Algunos aspectos adicionales que podríamos mencionar sobre el nexo son los siguientes:

1. **Función de enlace**: El nexo es el elemento de enlace que permite la aplicación de la norma jurídica a un caso concreto. Es la relación lógica que establece la correspondencia entre el supuesto fáctico y el efecto jurídico.

2. **Claridad y precisión**: El nexo debe ser claro y preciso para que la norma jurídica pueda ser aplicada de manera efectiva. Debe existir una relación lógica clara entre el supuesto fáctico y el efecto jurídico para que la norma sea aplicada de manera coherente.

3. **Interpretación**: El nexo puede ser objeto de interpretación y puede ser interpretado de manera amplia o restringida, dependiendo del contexto y las circunstancias del caso concreto.

4. **Flexibilidad**: El nexo debe ser flexible y puede ser ajustado a los cambios sociales y culturales que se producen en la sociedad.

5. **Consistencia**: El nexo debe ser consistente con el sistema jurídico y no debe ser contrario a otras normas o principios jurídicos.

En conclusión, el nexo es un elemento esencial en la norma jurídica y su importancia radica en que es la relación lógica que permite la aplicación de la norma a un caso concreto y la determinación de las consecuencias jurídicas correspondientes. Debe ser claro, preciso, flexible y consistente con el sistema jurídico para que la norma pueda ser aplicada de manera efectiva.

4.12.3. Efecto jurídico.

El nexo es una relación lógica que existe entre el supuesto fáctico y el efecto jurídico en la norma jurídica. Algunos aspectos adicionales que podríamos mencionar sobre el nexo son los siguientes:

El efecto jurídico es la consecuencia jurídica que se produce como resultado de la aplicación de la norma jurídica a un supuesto fáctico específico. Algunos aspectos adicionales que podemos mencionar sobre el efecto jurídico son los siguientes:

1. **Derechos y obligaciones**: El efecto jurídico puede consistir en la creación, modificación o extinción de derechos y obligaciones. Por ejemplo, en un contrato de compraventa, el efecto jurídico será la transferencia de propiedad del bien objeto de la compraventa.

2. **Sanciones**: El efecto jurídico también puede consistir en la imposición de sanciones, como multas, penas de prisión, etc. En una norma penal, el efecto jurídico puede ser la imposición de una pena de prisión en caso de comisión de un delito.

3. **Protección jurídica**: El efecto jurídico también puede consistir en la protección jurídica de ciertos derechos, como el derecho a la privacidad, a la propiedad, etc.

4. **Determinación de responsabilidades**: El efecto jurídico puede consistir en la determinación de responsabilidades, tanto civiles como penales, en caso de incumplimiento de las obligaciones establecidas en la norma.

5. **Protección de intereses colectivos**: El efecto jurídico también puede consistir en la protección de intereses colectivos, como el medio ambiente, la salud pública, etc.

En conclusión, el efecto jurídico es un aspecto fundamental de la norma jurídica y su importancia radica en que determina las consecuencias jurídicas que se producen como resultado de la aplicación de la norma a un caso concreto. Debe ser claro, preciso y coherente con el sistema jurídico para que la norma pueda ser aplicada de manera efectiva.

4.13. Validez y eficacia de la norma jurídica.

La validez y la eficacia son dos conceptos importantes en el ámbito del derecho que se relacionan con la norma jurídica. La validez se refiere a la adecuación de la norma jurídica a las normas superiores del ordenamiento jurídico y su conformidad con los principios jurídicos y la justicia. Por otro lado, la eficacia se refiere a la capacidad de la norma para producir efectos jurídicos y ser aplicada en la práctica.

La validez es un requisito previo para que una norma tenga eficacia, es decir, una norma no puede tener eficacia si no es válida. Sin embargo, una norma válida no necesariamente tendrá eficacia, ya que puede haber obstáculos prácticos que impidan su aplicación.

Es importante destacar que la validez y la eficacia son conceptos distintos y que una norma puede ser válida pero no eficaz, o ser eficaz pero no válida. Por ejemplo, una norma válida pero que no es aplicada debido a la resistencia de la sociedad o a la falta de medios para hacerla cumplir, no tendrá eficacia.

En conclusión, la validez y la eficacia son conceptos clave en el ámbito del derecho que determinan la relevancia y el impacto de las normas jurídicas en la sociedad. La validez garantiza la conformidad de la norma con los principios y valores jurídicos, mientras que la eficacia garantiza su aplicación efectiva en la práctica.

4.14. Norma jurídica y justicia.

La norma jurídica y la justicia están estrechamente relacionadas en el ámbito del derecho. La norma jurídica es un conjunto de reglas y principios que regulan las relaciones entre las personas y entre ellas y el Estado, y que buscan garantizar la paz social y la convivencia justa. La justicia, por su parte, es un valor que busca equilibrar los intereses y derechos de las personas y de la sociedad, y promover la igualdad y la equidad en la distribución de bienes y oportunidades.

La norma jurídica debe ser justa para ser considerada válida y eficaz. Una norma que no promueve la justicia o que va en contra de los derechos y libertades fundamentales, es considerada inválida y puede ser anulada por el sistema jurídico. Por otro lado, una norma justa pero que no es aplicada o respetada, no tendrá eficacia y no será efectiva en la práctica.

En resumen, la norma jurídica y la justicia son elementos fundamentales en el derecho, y su interacción es necesaria para garantizar una sociedad justa y equitativa. La norma jurídica debe ser justa y aplicarse de manera efectiva para garantizar la protección de los derechos y libertades de las personas y la paz social.

4.15. ¿Existen normas jurídicas que desprendan injusticia?

Sí, puede haber normas jurídicas que se consideren injustas. Esto puede suceder cuando una norma va en contra de los derechos y libertades fundamentales o cuando promueve desigualdades o injusticias en la sociedad.

Hay que destacar que el sistema jurídico está diseñado para proteger los derechos y garantías de las personas y corregir las injusticias. Por lo tanto, si se considera que una norma es injusta, puede ser objeto de revisión y eventualmente anulación por parte de los tribunales o órganos encargados de la interpretación y aplicación del derecho.

En algunos casos, también puede haber normas que aparentemente son justas pero que en la práctica producen efectos injustos o desigualdades. Estas normas pueden ser objeto de reforma o modificación para corregir estos efectos negativos y promover la justicia.

En resumen, existen normas jurídicas que pueden considerarse injustas, pero esto no significa que el sistema jurídico en su conjunto sea injusto. El sistema jurídico está diseñado para proteger los derechos y garantías de las personas y corregir las injusticias, y las normas injustas pueden ser objeto de revisión y eventualmente anulación por parte de los tribunales y órganos encargados de la interpretación y aplicación del derecho.

CAPÍTULO V

ORDENAMIENTO JURÍDICO

5.1. Definición.

Hay muchos autores que han emitido definiciones sobre el ordenamiento jurídico, aquí te menciono algunas de las más conocidas:

1. Hans Kelsen: "El ordenamiento jurídico es un sistema de normas jurídicas que tienen una estructura jerárquica y se encuentran interrelacionadas." (Ugarte, 1995).

2. Gustav Radbruch: "El ordenamiento jurídico es el conjunto de normas jurídicas que regulan la vida social y económica y garantizan la paz y la justicia en una sociedad." (García, 2004).

3. Eugen Ehrlich: "El ordenamiento jurídico es un sistema de normas jurídicas que rigen la vida social y protegen los derechos y libertades de las personas." (Carvajal, 2019).

4. Niklas Luhmann: "El ordenamiento jurídico es un sistema social que se encarga de regular y coordinar la conducta humana mediante el uso del derecho." (Chávez, 2014).

5. Max Weber: "El ordenamiento jurídico es un sistema de normas y valores que regulan la vida social y económica, y que están respaldados por la autoridad y el poder del Estado." (Munné, 2016).

Estas son solo algunas de las definiciones emitidas por famosos autores sobre el ordenamiento jurídico. Cada autor tiene su propia perspectiva y enfoque sobre el tema, y estas definiciones reflejan la complejidad y multifacética naturaleza del derecho y el ordenamiento jurídico.

5.2. ¿Cuál es la mejor definición de ordenamiento jurídico?

No existe una definición de ordenamiento jurídico que sea considerada la "mejor" de manera universal, ya que depende de la perspectiva teórica y los enfoques personales de cada autor. Las definiciones emitidas por los famosos autores que mencioné anteriormente son todas válidas y representan diferentes perspectivas sobre el ordenamiento jurídico.

Es importante tener en cuenta que el derecho y el ordenamiento jurídico son áreas complejas y multidisciplinarias, y que puede haber múltiples formas de entender y definir estos conceptos. Por lo tanto, la "mejor" definición depende del contexto y del objetivo de la persona que la emite. En cualquier caso, cualquier definición debe ser clara, precisa y reflejar adecuadamente los aspectos más relevantes del derecho y el ordenamiento jurídico.

No obstante, de forma particular, postulamos que el ordenamiento jurídico es el conjunto de normas jurídicas y principios que regulan y coordinan la conducta humana en una sociedad determinada, y que están respaldados por la autoridad y el poder del Estado. Estas normas y principios establecen los derechos y deberes de las personas y las empresas, y tienen como objetivo garantizar la paz, la justicia y la equidad en la sociedad.

El ordenamiento jurídico es un sistema dinámico y en constante evolución, que se adapta a los cambios sociales, económicos y políticos y que está sujeto a interpretaciones y aplicaciones por parte de los tribunales y los operadores jurídicos. También es un sistema jerárquico, en el que las normas se encuentran interrelacionadas y en el que una norma superior puede invalidar una norma inferior.

En resumen, el ordenamiento jurídico es un sistema clave para la organización y regulación de la sociedad, y juega un papel fundamental en la protección de los derechos y libertades de las personas y en la garantía de la justicia y la equidad social.

5.3. Características de un ordenamiento jurídico.

Algunas de las características más importantes de un ordenamiento jurídico son las siguientes:

1. **Sistematicidad**: El ordenamiento jurídico es un sistema organizado y coherente de normas y

principios que se relacionan entre sí de manera lógica y que forman un todo unitario.

2. **Hierarquía**: El ordenamiento jurídico está estructurado de manera jerárquica, en el que una norma superior puede invalidar a una norma inferior.

3. **Generalidad**: Las normas jurídicas en un ordenamiento son aplicables a una amplia gama de situaciones y personas, en lugar de ser específicas para un caso o un individuo determinado.

4. **Imperatividad**: Las normas jurídicas tienen carácter obligatorio, es decir, las personas están obligadas a cumplirlas y a respetarlas.

5. **Publicidad**: Las normas jurídicas son públicas y están disponibles para su consulta y aplicación por parte de la sociedad.

6. **Flexibilidad**: El ordenamiento jurídico es un sistema dinámico y en constante evolución, que se adapta a los cambios sociales, económicos y políticos.

7. **Legitimidad**: El ordenamiento jurídico es respaldado por la autoridad y el poder del Estado, y sus normas y principios son considerados legítimos y justos por la sociedad.

Estas características son cruciales para garantizar la efectividad y la eficacia del ordenamiento jurídico y para asegurar la protección de los derechos y libertades de las personas y la garantía de la justicia y la equidad social.

5.4. Ordenamiento jurídico en el sistema common law.

El sistema de common law es un sistema jurídico basado en la tradición y la precedencia judicial, que se desarrolló en el Reino Unido y se ha extendido a muchos países de habla inglesa, incluyendo Australia, Canadá, Nueva Zelanda y Estados Unidos.

En el sistema de common law, las decisiones judiciales son una fuente importante del derecho, y los jueces tienen la tarea de aplicar y desarrollar el derecho a través de la interpretación y la aplicación de precedentes establecidos en casos anteriores. Esto significa que las decisiones de los jueces son importantes para la formación y evolución del derecho.

Además, el sistema de common law también reconoce la importancia de las leyes y regulaciones estatales y federales, y a menudo se utiliza en combinación con el derecho legislativo. Sin embargo, en caso de conflicto entre la ley y un precedente judicial, el precedente tiene una influencia más fuerte en la interpretación y aplicación del derecho.

En el sistema de common law, el ordenamiento jurídico es un sistema flexible y en constante evolución, que se adapta a los cambios sociales, económicos y políticos. Sin embargo, también es un sistema que valora la estabilidad y la seguridad jurídica, y que tiene como objetivo garantizar la justicia y la equidad en la aplicación del derecho.

5.5. Finalidad del ordenamiento jurídico.

La finalidad del ordenamiento jurídico es proteger y regular las relaciones sociales mediante la creación de reglas y principios que garanticen la justicia, la equidad y la seguridad jurídica.

El ordenamiento jurídico tiene como objetivo principal resolver conflictos y promover la convivencia pacífica en una sociedad. Para ello, se encarga de regular las relaciones entre las personas, las relaciones entre las personas y el Estado, y las relaciones entre el Estado y sus ciudadanos.

Además, el ordenamiento jurídico también tiene como objetivo proteger los derechos fundamentales y las libertades individuales, garantizar la igualdad ante la ley, y promover el bienestar social y económico.

En resumen, el ordenamiento jurídico es una herramienta esencial para mantener el equilibrio y la armonía en una sociedad, y para garantizar que las relaciones sociales se desarrollen de manera justa y equitativa.

5.6. Falencias del ordenamiento jurídico.

El ordenamiento jurídico, como cualquier sistema humano, puede tener falencias y limitaciones. Algunas de las principales falencias son:

1. **Complejidad**: Las leyes y normas jurídicas pueden ser complicadas y difíciles de entender para el público en general. Esto puede hacer que

sea difícil para las personas cumplir con las leyes o hacer valer sus derechos.

2. **Desigualdad**: El acceso a la justicia y a los recursos legales puede ser desigual, dependiendo de la riqueza y la posición social de una persona. Esto puede resultar en una aplicación desigual de la ley y en una falta de equidad ante la ley.

3. **Rigidez**: Las leyes y normas jurídicas pueden ser inflexibles y no adaptarse a los cambios sociales y económicos. Esto puede resultar en leyes obsoletas o inefectivas.

4. **Corrupción**: La corrupción en el sistema jurídico puede socavar la justicia y la igualdad ante la ley.

5. **Discriminación**: Las leyes y normas jurídicas pueden ser discriminatorias o no ser inclusivas de todas las personas, incluidas aquellas que pertenecen a grupos marginados o vulnerables.

Estas falencias y limitaciones del ordenamiento jurídico son importantes para identificarlas y trabajar para corregirlas y mejorar el sistema en su conjunto. Es importante que las leyes y normas jurídicas sean claras, justas y accesibles para todas las personas, y que el sistema jurídico sea eficaz y responsable en la protección de los derechos y libertades individuales.

5.7. Problemas internos dentro de un ordenamiento jurídico.

Hay muchos problemas internos que pueden surgir dentro de un ordenamiento jurídico, aquí algunos de los más comunes:

1. **Conflictos normativos**: A veces, las leyes y normas jurídicas pueden entrar en conflicto entre sí, lo que puede resultar en incertidumbre y ambigüedad en la aplicación de la ley.

2. **Incompatibilidades** entre normas: Las leyes y normas jurídicas pueden ser incompatibles entre sí, lo que puede resultar en dificultades para aplicarlas en situaciones específicas.

3. **Ineficacia de la ley**: Las leyes y normas jurídicas pueden ser ineficaces o no ser respetadas, lo que puede resultar en una falta de confianza en el sistema jurídico.

4. **Ineficacia de la aplicación de la ley**: La aplicación de la ley puede ser ineficiente o ineficaz, lo que puede resultar en retrasos en la resolución de casos o en una aplicación desigual de la ley.

5. **Problemas de interpretación**: Las leyes y normas jurídicas pueden ser ambiguas o difíciles de interpretar, lo que puede resultar en disputas sobre su aplicación.

6. **Problemas de implementación**: La implementación de las leyes y normas jurídicas puede ser ineficiente o ineficaz, lo que puede resultar en una falta de cumplimiento.

Estos problemas internos pueden socavar la eficacia y la justicia del sistema jurídico, y es importante que se aborden y resuelvan para mejorar el sistema en su conjunto.

5.7.1. Conflictos normativos dentro del ordenamiento jurídico.

Los conflictos normativos son situaciones en las que existen varias normas jurídicas que entran en conflicto entre sí, lo que dificulta la aplicación de la ley y puede generar incertidumbre y ambigüedad en la aplicación de la ley. Estos conflictos pueden surgir por varias razones, incluyendo:

1. **Normas jurídicas incompatibles**: Las normas jurídicas pueden ser incompatibles entre sí, lo que dificulta la aplicación de la ley en situaciones específicas.

2. **Normas jurídicas ambiguas**: Las normas jurídicas pueden ser ambiguas o difíciles de interpretar, lo que puede resultar en diferentes interpretaciones y, por lo tanto, en conflictos.

3. **Cambios en la ley**: Los cambios en la ley pueden generar conflictos con normas jurídicas preexistentes.

4. **Diferentes fuentes del derecho**: Las normas jurídicas pueden provenir de diferentes fuentes, como la Constitución, tratados internacionales, leyes y reglamentos, lo que puede generar conflictos.

Es importante que se aborden y resuelvan los conflictos normativos para garantizar la claridad y la justicia en la aplicación de la ley. Esto puede incluir la revisión y reforma de las normas jurídicas en conflicto, la interpretación clarificadora de la ley y la creación de una estructura de resolución de disputas efectiva.

Un ejemplo de conflicto normativo dentro de un ordenamiento jurídico puede ser la conflicto entre el derecho a la libertad de expresión y el derecho a la protección de la privacidad. Por un lado, la libertad de expresión es un derecho fundamental protegido por la Constitución y las leyes, que permite a las personas expresarse libremente y compartir sus opiniones sin restricciones. Por otro lado, el derecho a la protección de la privacidad permite a las personas proteger su información personal y evitar la divulgación no autorizada de información privada.

En situaciones en las que la libertad de expresión puede entrar en conflicto con el derecho a la protección de la privacidad, puede haber un conflicto normativo que debe ser resuelto para garantizar que se respeten los derechos de todas las partes involucradas. Por ejemplo, si un medio de comunicación pública información privada sobre una persona, es posible que esta persona desee proteger su privacidad y demande una restricción de la libertad de expresión del medio de comunicación. En este caso, el conflicto normativo debe ser resuelto por las autoridades competentes para garantizar que se respeten tanto la libertad de expresión como el derecho a la protección de la privacidad.

5.7.2. Incompatibilidades dentro del ordenamiento jurídico.

Las incompatibilidades dentro de un ordenamiento jurídico se refieren a cuando existen normas jurídicas que no son compatibles entre sí, es decir, que no pueden ser aplicadas simultáneamente sin causar conflictos. Estas incompatibilidades pueden ser causadas por la existencia de normas que se contradicen entre sí, o por la existencia de normas que se aplican a situaciones similares de manera diferente.

Algunos ejemplos de incompatibilidades dentro de un ordenamiento jurídico pueden incluir:

- **Contradicción entre leyes**: cuando dos leyes diferentes establecen reglas opuestas o contradictorias para la misma situación, se produce una incompatibilidad.

- **Incompatibilidades entre derechos**: cuando dos derechos fundamentales entran en conflicto, por ejemplo, el derecho a la libertad de expresión y el derecho a la protección de la privacidad.

- **Incompatibilidades entre normas internacionales y nacionales**: cuando existen normas internacionales y nacionales que entran en conflicto y no pueden ser aplicadas simultáneamente.

Estas incompatibilidades pueden ser resueltas por las autoridades competentes a través de la interpretación y aplicación de las normas, la modificación de las normas conflictivas, o la adopción de medidas para garantizar que se respeten los derechos de todas las partes involucradas.

5.7.3. Ineficacia de ley como problema dentro del ordenamiento jurídico.

La ineficacia de la ley es un problema que puede presentarse dentro del ordenamiento jurídico y se refiere a cuando una ley es considerada inválida o inaplicable debido a su incongruencia con otras normas jurídicas superiores o con los derechos fundamentales. Esto puede suceder cuando la ley va en contra de la Constitución, la Convención Americana sobre Derechos Humanos, o cualquier otra norma jurídica internacional a la que el Estado haya adherido.

Además, la ineficacia de la ley puede ser causada por su incompatibilidad con otras leyes, por su ilegalidad o por su incongruencia con los valores y principios de la sociedad.

En el sistema jurídico, la ineficacia de la ley puede ser resuelta por los tribunales a través del proceso de revisión constitucional, donde se determina si la ley está en conformidad con la Constitución y los derechos fundamentales. Si la ley es considerada inválida, los tribunales pueden declararla ineficaz y, por lo tanto, inaplicable.

Es importante destacar que la ineficacia de la ley puede tener un impacto significativo en la seguridad jurídica y en la confianza en el sistema jurídico, por lo que es importante que se aborden estos problemas de manera oportuna y efectiva.

5.7.4. Ineficacia de la aplicación de la ley como problema dentro del ordenamiento jurídico.

La ineficacia de la aplicación de la ley puede considerarse como un problema dentro del ordenamiento jurídico, ya que si la ley no se aplica de manera efectiva, puede haber un incumplimiento generalizado de las normas y se puede erosionar la confianza en el sistema de justicia. Además, puede llevar a la impunidad y a la falta de responsabilidad por parte de aquellos que violan la ley, lo que a su vez puede afectar la cohesión social y el estado de derecho. Es importante que se tomen medidas para garantizar que la ley se aplique de manera efectiva y que se promueva una cultura de cumplimiento de la ley para garantizar la justicia y la equidad en la sociedad.

5.7.5. Problemas de interpretación como problema dentro del ordenamiento jurídico.

Los problemas de interpretación son un tema importante dentro del ordenamiento jurídico, ya que las leyes y normas a menudo pueden ser ambiguas o contradictorias, lo que puede llevar a diferentes interpretaciones. Estos problemas pueden surgir tanto en la redacción de la ley como en su aplicación en casos específicos.

La interpretación inconsistente de la ley puede dar lugar a decisiones judiciales conflictivas, lo que puede afectar la coherencia y la integridad del sistema jurídico. Además, la falta de claridad en la interpretación de la ley puede dificultar la comprensión por parte del público en general, lo que a su vez puede afectar la legitimidad del sistema de justicia.

Por lo tanto, es importante que los tribunales, los legisladores y otros actores del sistema jurídico trabajen juntos para abordar y resolver los problemas de interpretación, asegurándose de que la ley se interprete de manera coherente y justa y que el público en general pueda comprender y confiar en el sistema de justicia.

5.7.6. Problemas de implementación como problema dentro del ordenamiento jurídico.

Los problemas de implementación se consideran un problema importante dentro del ordenamiento jurídico porque la efectividad de una ley o norma depende de su correcta implementación. A menudo, puede haber barreras técnicas, administrativas, financieras o políticas que impidan que una ley se implemente adecuadamente.

Si una ley no se implementa correctamente, puede haber consecuencias negativas para la sociedad, como la falta de protección de los derechos de las personas o la falta de cumplimiento de las obligaciones legales. Además, la falta de implementación efectiva de la ley puede erosionar la confianza en el sistema jurídico y socavar el estado de derecho.

Por lo tanto, es importante que las instituciones encargadas de la implementación de la ley, como los órganos judiciales, las autoridades administrativas y los organismos encargados de la aplicación de la ley, trabajen juntos para superar los obstáculos y garantizar una implementación efectiva de la ley. También es importante que las leyes y normas se diseñen teniendo en cuenta su implementación y se proporcionen los recursos necesarios para garantizar que se implementen adecuadamente.

5.8. Validez del ordenamiento jurídico.

La validez del ordenamiento jurídico se refiere a su conformidad con los principios y normas fundamentales que lo rigen. En términos generales, un ordenamiento jurídico es válido si sus normas son coherentes con los principios fundamentales establecidos en la Constitución o en los tratados internacionales ratificados por el país.

La validez del ordenamiento jurídico es importante porque garantiza la seguridad jurídica y la estabilidad en el sistema legal de un país. Si una norma no es válida, puede ser considerada nula e inaplicable. Además, la validez del ordenamiento jurídico también es esencial para mantener la confianza del público en el sistema jurídico y en las instituciones que lo aplican.

Para garantizar la validez del ordenamiento jurídico, es importante que se sigan procesos legales y democráticos para su creación, modificación o derogación. Además, los tribunales y otros actores del sistema jurídico deben asegurarse de que las normas se apliquen de manera consistente y en consonancia con los principios y normas fundamentales.

5.9. Unidad, coherencia e integridad del ordenamiento jurídico.

La unidad, coherencia e integridad del ordenamiento jurídico son fundamentales para garantizar que las normas y principios que lo conforman sean consistentes y estén en consonancia con los objetivos del sistema jurídico en su conjunto.

La unidad del ordenamiento jurídico se refiere a la existencia de un único sistema legal coherente y armonioso.

Esto significa que las normas y principios deben ser coherentes entre sí y no contradictorios.

La coherencia se refiere a la conexión lógica entre las distintas normas y principios que conforman el ordenamiento jurídico, lo que implica que las normas deben ser interpretadas y aplicadas de manera coherente con el resto del sistema jurídico.

La integridad se refiere a la integridad y la consistencia en la aplicación de las normas y principios que conforman el ordenamiento jurídico. Esto significa que los tribunales y otros actores del sistema jurídico deben aplicar las normas de manera uniforme y justa, evitando así la arbitrariedad y la discriminación.

La unidad, coherencia e integridad del ordenamiento jurídico son fundamentales para garantizar la seguridad jurídica y la estabilidad en el sistema legal de un país. Además, son esenciales para mantener la confianza del público en el sistema jurídico y en las instituciones que lo aplican.

5.10.   El orden jurídico nacional e internacional.

El orden jurídico nacional e internacional son dos sistemas jurídicos distintos que coexisten en el mundo actual.

El orden jurídico nacional se refiere al conjunto de normas y principios que rigen las relaciones entre las personas, empresas y organizaciones dentro de un país específico. Estas normas son creadas y aplicadas por las instituciones nacionales, como los tribunales, el parlamento y el poder ejecutivo. El orden jurídico nacional es el marco legal fundamental de un país y es aplicable a todos los ciudadanos y residentes del país.

Por otro lado, el orden jurídico internacional se refiere al conjunto de normas y principios que rigen las relaciones entre los países y las organizaciones internacionales. Estas normas son establecidas por acuerdos y tratados internacionales y son aplicadas por las instituciones internacionales, como las cortes internacionales, la Organización de las Naciones Unidas (ONU) y otras organizaciones regionales.

El orden jurídico internacional y el orden jurídico nacional están interrelacionados y se influencian mutuamente. Las normas y principios del orden jurídico internacional pueden tener un impacto en las leyes y regulaciones nacionales, mientras que las decisiones de los tribunales nacionales pueden influir en la interpretación y aplicación de las normas del orden jurídico internacional.

En resumen, el orden jurídico nacional e internacional son dos sistemas jurídicos distintos pero interconectados, cada uno con su propio conjunto de normas y principios que rigen las relaciones entre las personas, empresas y organizaciones en el ámbito nacional e internacional, respectivamente.

5.11. ¿Existe relación entre el ordenamiento jurídico y las ramas del derecho?

Sí, existe una relación estrecha entre el ordenamiento jurídico y las ramas del derecho. Las ramas del derecho se refieren a las diferentes áreas de la ley que se ocupan de regular aspectos específicos de las relaciones entre personas y entidades. Estas ramas incluyen el derecho civil, penal, laboral, comercial, administrativo, entre otros.

El ordenamiento jurídico, por su parte, es el conjunto de normas y principios que rigen las relaciones entre las personas y entidades en un país. Estas normas incluyen las leyes, la jurisprudencia, la doctrina, los tratados internacionales, entre otras fuentes del derecho.

Cada rama del derecho tiene sus propias normas y principios que regulan aspectos específicos de las relaciones entre las personas y entidades. Por ejemplo, el derecho civil se ocupa de regular las relaciones entre particulares, mientras que el derecho penal se encarga de regular las conductas que son consideradas delitos.

El ordenamiento jurídico, por su parte, establece el marco general dentro del cual se aplican estas normas y principios en las distintas ramas del derecho. Las normas y principios del ordenamiento jurídico influyen en la interpretación y aplicación de las normas de las distintas ramas del derecho.

En resumen, el ordenamiento jurídico y las ramas del derecho están estrechamente relacionados, ya que el ordenamiento jurídico establece el marco general dentro del cual se aplican las normas y principios de las distintas ramas del derecho.

5.12. Estudio minucioso sobre las antinomias jurídicas.

Las antinomias jurídicas son situaciones en las que dos o más normas jurídicas dentro de un mismo sistema entran en conflicto y resulta imposible aplicarlas simultáneamente. Es decir, se trata de una colisión de normas jurídicas.

Esto puede ocurrir por diferentes razones, por ejemplo, porque una norma establece una obligación que contradice otra norma que establece una prohibición, o porque dos normas establecen reglas diferentes para un mismo caso.

Para resolver una antinomia jurídica, es necesario aplicar las reglas de interpretación y solución de conflictos establecidas en el ordenamiento jurídico. En algunos casos, se puede aplicar la norma que tiene una jerarquía superior o una norma especial que regula un caso particular en lugar de una norma general. En otros casos, se puede aplicar la norma que se ajusta mejor a los principios y fines generales del ordenamiento jurídico.

La solución de una antinomia jurídica es importante para garantizar la seguridad jurídica y la protección de los derechos y libertades de las personas. Por lo tanto, es importante que el ordenamiento jurídico tenga herramientas y mecanismos adecuados para resolver las antinomias jurídicas que puedan surgir.

5.12.1. Causas de las antinomias.

Las antinomias jurídicas pueden tener diferentes causas, algunas de las cuales son:

1. Deficiencias en la elaboración de las normas: Las antinomias pueden surgir cuando las normas son redactadas de manera poco clara, con términos vagos o contradictorios, lo que da lugar a diferentes interpretaciones.

2. **Cambios en el ordenamiento jurídico**: Las antinomías pueden darse cuando se producen cambios en el ordenamiento jurídico, como la aprobación de nuevas leyes o la modificación de leyes existentes, y estas normas entran en conflicto con normas preexistentes.

3. **Diferencias en las fuentes del derecho**: Las antinomias pueden surgir cuando diferentes fuentes del derecho entran en conflicto, por ejemplo, cuando una norma de derecho internacional choca con una norma de derecho interno.

4. **Aplicación de la ley a casos concretos**: Las antinomias pueden darse cuando se aplica la ley a casos concretos y surge una contradicción entre las normas que deben aplicarse.

5. **Interpretaciones diferentes de la ley**: Las antinomias pueden surgir cuando existen diferentes interpretaciones de una misma norma, lo que da lugar a conclusiones contrarias.

En cualquier caso, para evitar o resolver las antinomias jurídicas, es fundamental contar con herramientas adecuadas de interpretación y solución de conflictos, y aplicarlas de manera coherente y consistente.

5.12.2. Mecanismos de solución de antinomias.

Existen diferentes mecanismos de solución de antinomias jurídicas, que pueden variar dependiendo del ordenamiento jurídico en cuestión. A continuación, se describen algunos de los mecanismos más comunes:

1. **Jerarquía normativa**: Este mecanismo se basa en la idea de que, cuando dos normas entran en conflicto, la norma de rango superior prevalece sobre la norma de rango inferior. Por ejemplo, en un sistema jurídico en el que la Constitución tiene un rango superior a las

leyes, en caso de antinomia, la norma constitucional deberá prevalecer sobre la norma legal.

2. **Especialidad**: Este mecanismo se basa en la idea de que, cuando dos normas entran en conflicto, la norma especial prevalece sobre la norma general. Por ejemplo, si una ley establece una norma específica para un caso concreto, y otra ley establece una norma general que podría aplicarse al mismo caso, se deberá aplicar la norma especial.

3. **Cronología**: Este mecanismo se basa en la idea de que, cuando dos normas entran en conflicto, prevalece la norma más reciente. Por ejemplo, si una ley se modifica para establecer una norma distinta a la que había establecido anteriormente, la norma más reciente prevalece sobre la anterior.

4. **Interpretación**: Este mecanismo se basa en la idea de que, cuando dos normas entran en conflicto, se deberá realizar una interpretación conjunta de las normas, a fin de armonizar su contenido y encontrar una solución que permita aplicar ambas normas sin contradicciones.

5. **Derogación**: Este mecanismo se basa en la idea de que, cuando dos normas entran en conflicto, una de ellas debe ser eliminada del ordenamiento jurídico. Por ejemplo, si una ley establece una norma que contradice una norma constitucional, se deberá eliminar la norma legal por inconstitucionalidad.

Es importante destacar que estos mecanismos no son excluyentes entre sí, sino que pueden ser combinados en función de las circunstancias y particularidades del caso concreto.

5.13. Formas de producción del ordenamiento jurídico.

El ordenamiento jurídico puede producirse de diferentes formas. A continuación, se describen algunas de las formas más comunes de producción del ordenamiento jurídico:

1. **Legislación**: La legislación es el proceso mediante el cual se crean, discuten, aprueban y publican leyes. Las leyes son normas jurídicas que tienen un carácter general y abstracto, es decir, que se aplican a una amplia variedad de situaciones y casos.

2. **Jurisprudencia**: La jurisprudencia es el conjunto de decisiones y sentencias que emiten los tribunales y que tienen un valor normativo para resolver casos similares en el futuro. A través de la jurisprudencia se pueden establecer principios y criterios de interpretación que complementan y enriquecen el ordenamiento jurídico.

3. **Costumbre**: La costumbre es una práctica social repetida y aceptada que se convierte en una norma jurídica. La costumbre es una fuente de derecho que se aplica cuando no existen normas legales o jurisprudenciales aplicables.

4. **Tratados internacionales**: Los tratados internacionales son acuerdos entre dos o más países que establecen normas jurídicas que

deben ser aplicadas por los Estados firmantes. Estos tratados pueden ser incorporados al ordenamiento jurídico interno de los Estados mediante su ratificación o adopción por parte de los poderes legislativos.

5. **Reglamentos**: Los reglamentos son normas jurídicas dictadas por los órganos administrativos del Estado para la aplicación de leyes o para el desarrollo de las mismas. Los reglamentos tienen un carácter general y su ámbito de aplicación está limitado a los ámbitos específicos establecidos por las leyes.

Es importante destacar que estas formas de producción del ordenamiento jurídico no son excluyentes, sino que pueden combinarse entre sí y complementarse para garantizar la eficacia y la coherencia del ordenamiento jurídico en su conjunto.

5.13.1. La producción normativa en el sistema de derecho civil o grecorromano.

El sistema de derecho civil o grecorromano es uno de los sistemas jurídicos más antiguos del mundo, y se caracteriza por una fuerte influencia del derecho romano y su posterior evolución en el derecho canónico y las codificaciones civiles europeas.

En el sistema de derecho civil, la producción normativa se realiza principalmente a través de la legislación, es decir, la creación de normas jurídicas por parte del poder legislativo. La elaboración de códigos civiles y la sistematización del derecho en leyes generales es una de las principales características de este sistema jurídico.

Además de la legislación, la jurisprudencia y la costumbre también son fuentes de derecho en el sistema de derecho civil. La jurisprudencia se basa en la interpretación de las leyes y la creación de principios y criterios para resolver casos específicos. La costumbre, por su parte, se refiere a las prácticas sociales y las tradiciones que se han establecido a lo largo del tiempo y que se han convertido en normas jurídicas reconocidas.

En resumen, la producción normativa en el sistema de derecho civil se basa principalmente en la legislación, aunque la jurisprudencia y la costumbre también son fuentes de derecho importantes. La elaboración de códigos y leyes generales es una de las características distintivas de este sistema jurídico.

5.13.2. La producción normativa en el sistema common law.

El sistema de derecho common law es un sistema jurídico basado en la jurisprudencia y la costumbre, y se originó en Inglaterra en la Edad Media. En este sistema, la producción normativa se realiza principalmente a través de la jurisprudencia, es decir, la creación de normas jurídicas por parte de los tribunales a través de la interpretación y aplicación de las leyes y precedentes judiciales.

La jurisprudencia se basa en el principio de stare decisis, que significa "mantener lo que se ha decidido". Esto significa que los tribunales deben seguir los precedentes judiciales anteriores al decidir casos similares en el futuro, lo que lleva a la creación de un cuerpo de derecho común.

Además de la jurisprudencia, la costumbre también es una fuente de derecho en el sistema common law. La costumbre se refiere a las prácticas sociales y las tradiciones que se han establecido a lo largo del tiempo y que se han convertido en normas jurídicas reconocidas.

En resumen, en el sistema de derecho common law, la producción normativa se basa principalmente en la jurisprudencia, que se deriva de la interpretación y aplicación de las leyes y precedentes judiciales. La costumbre también es una fuente de derecho importante en este sistema jurídico.

5.13.3. La producción normativa en los países con enfoque de descentralización.

En los países con un enfoque de descentralización, la producción normativa puede estar dividida entre el gobierno central y los gobiernos regionales o locales, lo que puede generar una distribución de competencias y la posibilidad de que se creen normas divergentes entre las distintas entidades.

En estos casos, el gobierno central generalmente tiene la responsabilidad de establecer un marco legal y regulatorio general para el país, mientras que los gobiernos regionales o locales tienen la capacidad de crear leyes y reglamentos que se adapten a sus necesidades y circunstancias específicas. Sin embargo, estas leyes y reglamentos locales deben estar dentro del marco establecido por el gobierno central y no pueden contradecir las leyes nacionales.

En algunos casos, se pueden establecer acuerdos de coordinación y cooperación entre el gobierno central y los gobiernos regionales o locales para garantizar la coherencia y la unidad del ordenamiento jurídico. También se pueden establecer mecanismos de revisión y supervisión de las leyes y regulaciones locales para asegurar que cumplan con los estándares nacionales y no generen conflictos normativos o antinomias.

En resumen, en los países con enfoque de descentralización, la producción normativa puede estar dividida entre el gobierno central y los gobiernos regionales o locales, lo que puede generar desafíos para garantizar la coherencia y la unidad del ordenamiento jurídico. Para abordar estos desafíos, se pueden establecer acuerdos de coordinación y cooperación, y mecanismos de revisión y supervisión para asegurar que las leyes y reglamentos locales cumplan con los estándares nacionales y no generen conflictos normativos.

5.13.4. La manifestación de voluntad como fuente de producción normativa.

La manifestación de voluntad puede ser una fuente de producción normativa en ciertos contextos, especialmente en el derecho privado. Por ejemplo, en un contrato, las partes pueden establecer sus propias normas para regular su relación contractual, y estas normas se convierten en parte del contrato y son legalmente vinculantes para ambas partes. De esta manera, las partes pueden crear su propia ley contractual para regular sus intereses.

En algunos sistemas jurídicos, la manifestación de voluntad también puede ser una fuente de producción normativa en el derecho público. Por ejemplo, en algunos países, los ciudadanos pueden iniciar un referéndum o una iniciativa popular para proponer nuevas leyes o modificar las existentes. Si la propuesta es aprobada por la mayoría de los votantes, se convierte en una ley.

Sin embargo, en muchos sistemas jurídicos, la manifestación de voluntad no se considera una fuente primaria de producción normativa. En cambio, se considera una fuente subsidiaria o supletoria que solo se aplica en ausencia de otras fuentes primarias de derecho, como la ley, la jurisprudencia y la costumbre. Además, la manifestación de voluntad solo se considera legalmente vinculante si cumple con ciertos requisitos formales y sustantivos establecidos por la ley, como la capacidad legal de las partes, la ausencia de vicios en el consentimiento y la legalidad del objeto del contrato o la propuesta normativa.

En resumen, aunque la manifestación de voluntad puede ser una fuente de producción normativa en ciertos contextos, su importancia y su papel en el ordenamiento jurídico varían según el sistema jurídico y el ámbito normativo en cuestión.

5.14. ¿Existe jerarquía en los ordenamientos jurídicos?

Sí, en la mayoría de los casos, los ordenamientos jurídicos tienen una jerarquía que establece la relación entre las normas jurídicas y la autoridad que tienen en el sistema legal.

Por lo general, la Constitución es la norma más alta en la jerarquía de un ordenamiento jurídico. Todas las leyes, reglamentos y decisiones judiciales deben estar de acuerdo con las disposiciones constitucionales, y las normas que contradicen la Constitución son consideradas inválidas.

A continuación, en la jerarquía, se encuentran las leyes y los reglamentos, que son creados por el poder legislativo y el poder ejecutivo, respectivamente. Estas normas deben estar de acuerdo con la Constitución y no pueden contradecir sus disposiciones.

En algunos sistemas jurídicos, también hay una jerarquía dentro de las leyes, donde algunas leyes tienen mayor autoridad que otras. Por ejemplo, en algunos países, las leyes orgánicas son consideradas más importantes que las leyes ordinarias y solo pueden ser modificadas por un proceso legislativo más riguroso.

Finalmente, las decisiones judiciales también tienen un lugar en la jerarquía del ordenamiento jurídico. En algunos sistemas jurídicos, las decisiones judiciales pueden tener un efecto vinculante en los tribunales inferiores, lo que significa que deben seguir la jurisprudencia establecida por tribunales superiores en casos similares.

En resumen, la mayoría de los ordenamientos jurídicos tienen una jerarquía de normas jurídicas, en la que la Constitución ocupa el lugar más alto, seguida por leyes, reglamentos y decisiones judiciales.

CAPÍTULO VI

VALORES JURÍDICOS

6.1. Conceptualización.

Los valores jurídicos son ideales o principios que se consideran fundamentales para el funcionamiento del ordenamiento jurídico. Estos valores son ampliamente aceptados en la sociedad y se reflejan en la ley y la jurisprudencia. Algunos ejemplos de valores jurídicos incluyen la justicia, la equidad, la libertad, la igualdad, la seguridad jurídica, el respeto a los derechos humanos y la protección del bien común.

Los valores jurídicos son importantes porque sirven como guía para la interpretación y aplicación de la ley. Los jueces, abogados y otros profesionales del derecho utilizan estos valores para determinar el sentido y el alcance de las normas jurídicas y para resolver conflictos normativos y de intereses. Además, los valores jurídicos tienen un papel fundamental en la elaboración de nuevas leyes y políticas públicas, ya que sirven como criterios para evaluar la calidad y la legitimidad de las normas jurídicas.

Los valores jurídicos no son estáticos ni universales, sino que varían según las sociedades, las culturas y los contextos históricos. Además, los valores jurídicos pueden entrar en conflicto entre sí, lo que puede dar lugar a debates y controversias en torno a la interpretación y aplicación de la ley. En cualquier caso, los valores jurídicos son fundamentales para garantizar que el ordenamiento jurídico funcione de manera justa, efectiva y legítima.

6.2.   Características de los valores jurídicos.

Las características de los valores jurídicos son:

1.   **Universalidad**: Los valores jurídicos son compartidos por la mayoría de las sociedades y culturas, y se consideran fundamentales para el funcionamiento del ordenamiento jurídico.

2.   **Normatividad**: Los valores jurídicos se reflejan en la ley y en la jurisprudencia, y tienen un papel fundamental en la interpretación, aplicación y elaboración de las normas jurídicas.

3.   **Jerarquía**: Los valores jurídicos pueden entrar en conflicto entre sí, pero algunos se consideran más importantes o prioritarios que otros. Por ejemplo, la justicia y la igualdad se consideran valores superiores a la seguridad jurídica en muchos sistemas jurídicos.

4.   **Dinamicidad**: Los valores jurídicos evolucionan y cambian con el tiempo y las circunstancias, y su interpretación y aplicación pueden variar según los contextos históricos y culturales.

5.   **Controversia**: Los valores jurídicos pueden ser objeto de debates y controversias en torno a su definición, alcance y aplicación en casos concretos.

6.   **Coherencia**: Los valores jurídicos están interconectados y se refuerzan mutuamente, y su

violación o debilitamiento puede tener consecuencias negativas para el ordenamiento jurídico en su conjunto.

En resumen, las características de los valores jurídicos reflejan su importancia y complejidad en el funcionamiento del ordenamiento jurídico, así como su dinamicidad y su papel fundamental en la interpretación, aplicación y elaboración de las normas jurídicas.

6.3. Finalidad de los valores jurídicos.

La finalidad de los valores jurídicos es proporcionar un marco ético y moral para la creación y aplicación del derecho. Estos valores son fundamentales para garantizar que el ordenamiento jurídico funcione de manera justa, efectiva y legítima, y para proteger los derechos y libertades de los ciudadanos.

Los valores jurídicos tienen una serie de objetivos y finalidades, como los siguientes:

1. **Orientar la interpretación y aplicación de las normas jurídicas**: Los valores jurídicos sirven como criterios para interpretar y aplicar la ley de manera coherente, justa y efectiva.

2. **Proteger los derechos humanos y las libertades fundamentales**: Los valores jurídicos como la justicia, la igualdad y la dignidad humana son esenciales para garantizar la protección y promoción de los derechos y libertades de las personas.

3. **Promover el bien común**: Los valores jurídicos como el interés público y la solidaridad social tienen como objetivo promover el bienestar de la sociedad en su conjunto.

4. **Fomentar la estabilidad y la previsibilidad del ordenamiento jurídico**: Los valores jurídicos como la seguridad jurídica y la certeza del derecho son importantes para garantizar la estabilidad y previsibilidad del ordenamiento jurídico, lo que a su vez promueve la confianza de los ciudadanos en el sistema jurídico.

5. **Legitimar el sistema jurídico**: Los valores jurídicos son fundamentales para legitimar el sistema jurídico ante la sociedad, y para asegurar que las decisiones judiciales y las políticas públicas sean percibidas como justas y legítimas por la ciudadanía.

En conclusión, los valores jurídicos tienen como finalidad garantizar un ordenamiento jurídico justo, efectivo y legítimo, y promover el bienestar y la protección de los derechos y libertades de los ciudadanos.

6.4.   El origen de los valores jurídicos.

Los valores jurídicos tienen un origen diverso y complejo, y pueden derivar de diversas fuentes y tradiciones culturales, filosóficas, religiosas y políticas. Algunas de las principales fuentes de los valores jurídicos son las siguientes:

1. **La moral:** Muchos de los valores jurídicos, como la justicia, la igualdad y la dignidad humana, tienen su origen en la moral y la ética.

2. **La religión**: En muchos sistemas jurídicos, los valores jurídicos tienen una base religiosa. Por ejemplo, la ley islámica o sharia se basa en los principios del Corán y la Sunna.

3. **La filosofía**: Los valores jurídicos también pueden derivar de las ideas y teorías de los filósofos. Por ejemplo, la teoría de la justicia de Aristóteles y la teoría del contrato social de Rousseau han tenido una gran influencia en el desarrollo del derecho.

4. **La política**: Los valores jurídicos también pueden reflejar las creencias y valores políticos de una sociedad. Por ejemplo, la democracia, la libertad y el Estado de derecho son valores políticos que se han incorporado en muchos sistemas jurídicos.

En resumen, los valores jurídicos tienen un origen diverso y complejo, y pueden derivar de diversas fuentes culturales, religiosas, filosóficas y políticas. La comprensión de estos valores y su papel en el ordenamiento jurídico es esencial para garantizar un sistema jurídico justo, efectivo y legítimo.

6.5. ¿Qué presupuestos dan nacimiento a un valor jurídico?

Los valores jurídicos surgen a partir de presupuestos o premisas fundamentales que se consideran importantes o necesarias para una sociedad justa y funcional. Algunos de estos presupuestos o premisas pueden incluir:

1. **La dignidad humana**: La idea de que cada ser humano tiene un valor inherente y debe ser tratado con respeto y consideración.

2. **La justicia**: La idea de que las personas deben recibir lo que se les debe y que las decisiones y acciones deben ser justas e imparciales.

103

3. **La igualdad**: La idea de que todas las personas son iguales ante la ley y deben tener las mismas oportunidades y derechos.

4. **La libertad**: La idea de que las personas tienen el derecho a actuar y tomar decisiones de acuerdo con sus propias creencias y deseos, siempre y cuando no perjudiquen a otros.

5. **La seguridad**: La idea de que las personas tienen derecho a estar protegidas de la violencia, el daño y la opresión.

Estos presupuestos o premisas fundamentales se reflejan en los valores jurídicos, que a su vez influyen en la creación y aplicación del derecho en una sociedad. Es importante tener en cuenta que los valores jurídicos pueden variar en diferentes culturas y contextos, y que su interpretación y aplicación pueden ser objeto de debate y controversia.

6.6. Clasificación de los valores jurídicos.

Los valores jurídicos pueden ser clasificados de diversas formas, según el criterio utilizado. A continuación se presentan algunas posibles clasificaciones de los valores jurídicos:

1. **Valores jurídicos generales y particulares**: Los valores jurídicos generales son aquellos que se aplican a todas las ramas del derecho, como la justicia, la igualdad, la libertad y la seguridad. Los valores jurídicos particulares son aquellos que se aplican a áreas específicas del derecho, como la protección del medio ambiente o la defensa de los derechos de autor.

2. **Valores jurídicos materiales y formales**: Los valores jurídicos materiales son aquellos que se refieren al contenido de las normas jurídicas, como la justicia y la igualdad. Los valores jurídicos formales son aquellos que se refieren a los procedimientos y métodos utilizados para producir y aplicar el derecho, como la seguridad jurídica y la predictibilidad.

3. **Valores jurídicos sociales e individuales**: Los valores jurídicos sociales son aquellos que buscan el bienestar y la armonía de la sociedad en su conjunto, como la solidaridad y la responsabilidad social. Los valores jurídicos individuales son aquellos que buscan proteger y promover los intereses y derechos de los individuos, como la libertad y la privacidad.

4. **Valores jurídicos positivos y normativos**: Los valores jurídicos positivos son aquellos que se refieren a la realidad existente, es decir, a cómo funcionan las leyes en la práctica. Los valores jurídicos normativos son aquellos que se refieren a cómo deberían funcionar las leyes, es decir, a los principios que deberían guiar la creación y aplicación del derecho.

Es importante tener en cuenta que estas clasificaciones no son exhaustivas ni excluyentes, y que los valores jurídicos pueden ser categorizados de otras formas según el criterio utilizado.

6.7.   La justicia como valor jurídico.

La justicia es uno de los valores jurídicos más importantes y fundamentales en todo sistema jurídico. La justicia se refiere a la idea de que las decisiones y acciones tomadas por las instituciones y personas que aplican el derecho deben ser equitativas, imparciales y basadas en criterios objetivos y racionales.

La justicia tiene una dimensión material y una dimensión formal. La dimensión material se refiere a la idea de que las leyes y decisiones deben ser justas en sí mismas, es decir, que deben estar basadas en valores como la equidad, la igualdad, la dignidad humana y la solidaridad. La dimensión formal se refiere a la idea de que el proceso y los procedimientos utilizados para aplicar las leyes y tomar decisiones deben ser justos y equitativos, es decir, que deben garantizar un juicio justo, el debido proceso y la protección de los derechos de las partes involucradas.

En definitiva, la justicia es un valor jurídico esencial para la construcción de un sistema jurídico justo y equitativo, que garantice la protección de los derechos y la igualdad ante la ley para todas las personas.

## 6.8.	La igualdad como valor jurídico.

La igualdad es uno de los valores jurídicos fundamentales en cualquier sistema jurídico. Se refiere a la idea de que todas las personas deben ser tratadas de manera igual ante la ley y tener igualdad de oportunidades en la vida social, política y económica.

La igualdad es un valor que está estrechamente relacionado con otros valores como la libertad, la justicia y la dignidad humana. Esencialmente, la igualdad implica que todas las personas tienen el mismo valor y que no deben ser discriminadas o tratadas de manera diferente en función de su género, raza, origen étnico, religión, orientación sexual, discapacidad o cualquier otra característica personal o social.

La igualdad es un valor que está consagrado en muchas constituciones y leyes a nivel internacional, regional y nacional, y se ha convertido en un principio fundamental en la lucha contra la discriminación y la promoción de sociedades más justas y equitativas.

En resumen, la igualdad es un valor jurídico esencial que debe ser protegido y promovido en todo sistema jurídico, ya que garantiza que todas las personas sean tratadas de manera justa y equitativa, sin discriminación ni exclusión.

6.9. La libertad como valor jurídico.

La libertad es uno de los valores jurídicos fundamentales en cualquier sistema jurídico. Se refiere a la idea de que todas las personas tienen derecho a ser libres en su vida personal, social, política y económica, y a actuar de acuerdo con sus propias convicciones y decisiones, siempre y cuando no perjudiquen a los demás.

La libertad es un valor que está estrechamente relacionado con otros valores como la dignidad humana, la igualdad y la justicia. Esencialmente, la libertad implica que todas las personas tienen el derecho de tomar decisiones y actuar de acuerdo con sus propias convicciones y preferencias, sin ser sometidas a la coerción o al control de otras personas o del Estado.

La libertad es un valor que está consagrado en muchas constituciones y leyes a nivel internacional, regional y nacional, y se ha convertido en un principio fundamental en la defensa de los derechos humanos y en la construcción de sociedades más justas y democráticas.

En resumen, la libertad es un valor jurídico esencial que debe ser protegido y promovido en todo sistema jurídico, ya que garantiza el respeto a la dignidad humana, la autonomía y la capacidad de las personas para tomar sus propias decisiones y actuar de acuerdo con sus convicciones y preferencias personales.

6.10.   La solidaridad como valor jurídico.

La solidaridad es un valor jurídico que se refiere a la idea de que las personas deben actuar de manera unida y colaborativa para lograr el bien común y proteger los derechos de los demás. La solidaridad implica que las personas tienen la responsabilidad de ayudar a quienes están en situaciones de necesidad, de proteger los derechos de los más vulnerables y de promover el bienestar colectivo.

La solidaridad es un valor jurídico que está presente en muchas constituciones y leyes, y se ha convertido en un principio fundamental en la construcción de sociedades más justas e igualitarias. La solidaridad implica que las personas deben trabajar juntas para superar las desigualdades y la exclusión social, y para garantizar que todos tengan acceso a los recursos necesarios para llevar una vida digna.

En resumen, la solidaridad es un valor jurídico esencial que debe ser protegido y promovido en todo sistema jurídico, ya que garantiza el respeto a los derechos humanos, el bienestar colectivo y la justicia social. La solidaridad nos recuerda que estamos todos en la misma comunidad, y que todos tenemos la responsabilidad de ayudar a los demás y de trabajar juntos para construir un mundo más justo y solidario.

6.11. La responsabilidad social como valor jurídico.

La responsabilidad social es un valor jurídico que se refiere a la idea de que las empresas, organizaciones y personas tienen la responsabilidad de contribuir al bienestar de la sociedad y al desarrollo sostenible. Este valor implica que las empresas deben actuar de manera ética, transparente y responsable en todas sus actividades, respetando los derechos humanos, protegiendo el medio ambiente y promoviendo el desarrollo económico y social de las comunidades en las que operan.

La responsabilidad social es un valor jurídico que ha ganado importancia en los últimos años, y muchos sistemas jurídicos han comenzado a incluir normas y regulaciones que obligan a las empresas a actuar de manera responsable. Por ejemplo, en algunos países existen leyes que obligan a las empresas a informar públicamente sobre sus impactos sociales y ambientales, y a tomar medidas para reducir su huella ecológica y contribuir al bienestar de la comunidad.

En resumen, la responsabilidad social es un valor jurídico fundamental que debe ser protegido y promovido en todo sistema jurídico. La responsabilidad social nos recuerda que todas las empresas y organizaciones tienen una responsabilidad más allá de su propio beneficio, y que deben actuar de manera responsable y ética para contribuir al bienestar de la sociedad y al desarrollo sostenible.

6.12. La predictibilidad como valor jurídico.

La predictibilidad es un valor jurídico que se refiere a la capacidad del sistema jurídico para predecir y anticipar los resultados de las decisiones judiciales y la aplicación de las leyes. La predictibilidad es importante para garantizar la estabilidad y la seguridad jurídica en un sistema, lo que permite que las personas y las empresas planifiquen sus actividades y tomen decisiones con confianza.

La predictibilidad se logra a través de la aplicación coherente y uniforme de las leyes, y la interpretación consistente y razonable de los tribunales. Esto significa que las leyes deben ser claras y precisas, y deben ser interpretadas de manera coherente por los tribunales, de manera que se puedan prever los resultados de las decisiones judiciales.

En muchos sistemas jurídicos, la predictibilidad se ve reforzada por la existencia de precedentes judiciales, que son decisiones judiciales anteriores que se consideran vinculantes para casos similares en el futuro. Esto ayuda a garantizar que los tribunales tomen decisiones coherentes y predecibles en casos similares.

En resumen, la predictibilidad es un valor jurídico importante que garantiza la estabilidad y la seguridad jurídica en un sistema. La predictibilidad se logra a través de la aplicación coherente y uniforme de las leyes, y la interpretación consistente y razonable de los tribunales. Esto permite que las personas y las empresas planifiquen sus actividades y tomen decisiones con confianza.

6.13.   La seguridad jurídica como valor jurídico.

La seguridad jurídica es un valor jurídico fundamental que se refiere a la certeza y previsibilidad en la aplicación de las leyes y la administración de justicia. Es un principio que establece que las personas y las empresas deben poder confiar en que sus derechos y obligaciones serán protegidos y respetados por el sistema jurídico.

La seguridad jurídica se basa en la idea de que las leyes deben ser claras, estables y predecibles, y que deben ser aplicadas de manera consistente por los tribunales y las autoridades. Esto permite a las personas planificar sus vidas y negocios con confianza, sabiendo que sus derechos y obligaciones están protegidos por la ley y que habrá consecuencias previsibles si se violan.

La seguridad jurídica se relaciona con otros valores jurídicos, como la igualdad ante la ley, la justicia, la libertad y la responsabilidad, y es esencial para garantizar un sistema jurídico justo y efectivo. También es un requisito previo para la inversión, el desarrollo económico y la estabilidad social.

En resumen, la seguridad jurídica es un valor jurídico fundamental que garantiza la certeza y previsibilidad en la aplicación de las leyes y la administración de justicia. La seguridad jurídica se basa en la idea de que las leyes deben ser claras, estables y predecibles, y que deben ser aplicadas de manera consistente por los tribunales y las autoridades. La seguridad jurídica es esencial para garantizar un sistema jurídico justo y efectivo, y es un requisito previo para la inversión, el desarrollo económico y la estabilidad social.

6.13.1. Supuestos que afectan la seguridad jurídica.

La seguridad jurídica puede verse afectada por diversos supuestos que pueden generar incertidumbre en la aplicación de las leyes y la administración de justicia. Algunos de estos supuestos son:

1. **La inseguridad normativa**: cuando las leyes son poco claras o están mal redactadas, puede

haber confusiones sobre su interpretación y aplicación, lo que genera inseguridad jurídica.

2. **La inseguridad judicial**: cuando los jueces y tribunales no aplican las leyes de manera consistente o se producen decisiones contradictorias, se genera incertidumbre sobre el resultado de los casos similares en el futuro.

3. **La inseguridad política**: cuando las autoridades políticas interfieren en la administración de justicia, se puede generar desconfianza en el sistema jurídico.

4. **La inseguridad económica**: cuando las leyes económicas cambian de manera impredecible o se aplican de manera arbitraria, puede haber incertidumbre en el mundo de los negocios.

5. **La inseguridad social**: cuando las leyes y políticas sociales cambian de manera impredecible, pueden surgir temores sobre el futuro de los grupos vulnerables.

En resumen, la seguridad jurídica puede verse afectada por diversos supuestos, como la inseguridad normativa, judicial, política, económica y social. Para garantizar la seguridad jurídica, es necesario que las leyes sean claras y estables, que los jueces y tribunales apliquen las leyes de manera consistente, que las autoridades políticas no interfieran en la administración de justicia, y que se respeten los derechos de los grupos vulnerables.

6.13.2. **¿Cómo evitar la afectación a la seguridad jurídica?**

Para evitar la afectación a la seguridad jurídica, es necesario tomar medidas que garanticen la claridad, estabilidad y consistencia de las leyes, así como la independencia e imparcialidad de los jueces y tribunales. Algunas de las medidas que se pueden tomar son:

1. **Garantizar la claridad y estabilidad de las leyes**: Las leyes deben ser claras y precisas para que los ciudadanos puedan conocer sus derechos y obligaciones. Además, las leyes deben ser estables y predecibles para que los ciudadanos puedan planificar sus vidas y negocios con confianza. Esto implica que las leyes no deben cambiar constantemente ni de manera abrupta.

2. **Garantizar la independencia e imparcialidad del poder judicial**: Los jueces y tribunales deben ser independientes de los poderes políticos y económicos para que puedan tomar decisiones imparciales y basadas en la ley. Además, los jueces y tribunales deben actuar de manera consistente y predecible para garantizar la seguridad jurídica.

3. **Promover la transparencia y la participación ciudadana**: Las leyes y políticas deben ser creadas y aplicadas de manera transparente y con la participación de la sociedad civil, para que los ciudadanos puedan conocer y entender el proceso y los resultados. Además, la participación ciudadana puede ayudar a

detectar posibles problemas y a mejorar las decisiones.

4. **Respetar los derechos humanos**: El respeto a los derechos humanos es fundamental para garantizar la seguridad jurídica, ya que los derechos humanos son la base del ordenamiento jurídico y protegen a los ciudadanos de posibles abusos del poder. El respeto a los derechos humanos implica, entre otras cosas, garantizar el acceso a la justicia, proteger la libertad de expresión y prensa, y promover la igualdad y la no discriminación.

En resumen, para garantizar la seguridad jurídica, es necesario tomar medidas que garanticen la claridad, estabilidad y consistencia de las leyes, la independencia e imparcialidad del poder judicial, la transparencia y la participación ciudadana, y el respeto a los derechos humanos.

6.13.3. Relación entre seguridad jurídica y justicia.

La seguridad jurídica y la justicia están estrechamente relacionadas y son valores fundamentales en cualquier ordenamiento jurídico. La seguridad jurídica se refiere a la certeza y previsibilidad en la aplicación de la ley y en la resolución de conflictos jurídicos, mientras que la justicia se refiere a la equidad y a la protección de los derechos de las personas.

La seguridad jurídica es un elemento necesario para la realización de la justicia, ya que proporciona estabilidad y previsibilidad a las normas y procedimientos que se aplican en los casos judiciales. La justicia, por su parte, es el fin último del derecho, ya que busca garantizar la protección y respeto de los derechos y libertades fundamentales de las personas.

En resumen, la seguridad jurídica y la justicia son valores complementarios e interdependientes en el ordenamiento jurídico, y son esenciales para garantizar un sistema legal justo y efectivo.

6.13.4. Conflicto entre seguridad jurídica y justicia.

Aunque la seguridad jurídica y la justicia son valores complementarios e interdependientes, en algunos casos pueden surgir conflictos entre ellos.

Por ejemplo, puede haber situaciones en las que la aplicación estricta de la ley o la normativa vigente, que garantiza la seguridad jurídica, pueda resultar en decisiones que no son justas o equitativas. En estos casos, es posible que se requiera una interpretación más amplia o flexible de la ley para garantizar que se haga justicia en el caso particular.

Por otro lado, si se permite que se haga excepciones a las leyes con demasiada frecuencia, esto puede debilitar la seguridad jurídica y conducir a la incertidumbre en cuanto a lo que es legal o ilegal. Esto, a su vez, puede erosionar la confianza de las personas en el sistema legal y desestabilizar la sociedad.

En resumen, aunque la seguridad jurídica y la justicia son valores fundamentales que deben ser equilibrados en cualquier sistema legal, en algunos casos puede haber conflictos entre ellos que deben ser abordados cuidadosamente para garantizar que se mantenga la integridad del sistema legal.

CAPÍTULO VII

APLICACIÓN DE LAS NORMAS

7.1. ¿Qué debemos entender por aplicación de normas?

La aplicación de normas se refiere al proceso mediante el cual se utilizan las reglas y principios establecidos en una norma legal para resolver un caso específico. En otras palabras, es la forma en que las normas jurídicas se aplican a situaciones concretas para tomar decisiones.

La aplicación de normas implica la interpretación de la normativa y su adecuación a las circunstancias particulares de un caso específico. El objetivo es garantizar que se aplique la norma legal correcta y que se llegue a una decisión justa y equitativa.

La aplicación de normas se realiza por las autoridades competentes, como los jueces y tribunales, que tienen la responsabilidad de aplicar las leyes y resolver los conflictos legales. También puede ser llevada a cabo por otros organismos gubernamentales o privados que estén autorizados para ello. En cualquier caso, la aplicación de normas es un elemento clave del funcionamiento de cualquier sistema legal y es esencial para garantizar la justicia y la igualdad ante la ley.

7.2. La aplicación de normas en los diferentes sistemas jurídicos.

La aplicación de normas puede variar según el tipo de sistema jurídico. A continuación se presentan algunas diferencias notables en la forma en que se aplican las normas en los sistemas jurídicos más comunes:

- **Sistema de derecho civil:** En los sistemas de derecho civil, la aplicación de normas se realiza principalmente mediante la interpretación de la legislación. Los jueces y tribunales se basan en las leyes escritas y en la jurisprudencia anterior para tomar decisiones. Los códigos civiles y penales son la principal fuente de ley y proporcionan una guía clara para la aplicación de normas.

- **Sistema de common law:** En los sistemas de common law, la aplicación de normas se basa en la jurisprudencia anterior, es decir, en las decisiones de los tribunales en casos anteriores. Los jueces y tribunales utilizan esta jurisprudencia para tomar decisiones en casos similares en el futuro. La ley escrita también es importante, pero no tiene la misma autoridad que la jurisprudencia.

- **Sistema religioso:** En algunos países donde se aplica la ley religiosa, como el derecho islámico (sharia) y el derecho judío (halakhá), la aplicación de normas se basa en la interpretación de textos sagrados y en la tradición oral. Los tribunales religiosos son responsables de la aplicación de estas normas.

- **Sistema mixto**: En algunos países, se combinan elementos de los sistemas de derecho civil y de common law. La aplicación de normas en estos sistemas puede basarse en la ley escrita y la jurisprudencia anterior, así como en los principios generales de la justicia y la equidad.

En general, la forma en que se aplica la norma dependerá del sistema jurídico específico y de la interpretación de las autoridades que la apliquen.

7.3. Características del proceso de aplicación de normas.

El proceso de aplicación de normas tiene varias características que incluyen:

1. **Interpretación**: Las normas son interpretadas para determinar su significado y alcance. La interpretación puede ser compleja, especialmente cuando hay ambigüedad o lagunas en la ley.

2. **Análisis de los hechos**: Es necesario establecer los hechos de un caso antes de aplicar la ley. Esto implica recopilar pruebas y determinar los hechos relevantes que deben tenerse en cuenta.

3. **Razonamiento jurídico**: La aplicación de la norma implica un razonamiento jurídico que consiste en aplicar los principios jurídicos generales y las reglas específicas a los hechos del caso en cuestión.

4. **Argumentación**: La aplicación de la norma también implica la argumentación, que es el proceso de presentar argumentos legales y

evidencia para apoyar una interpretación o conclusión particular.

5. **Toma de decisiones**: Finalmente, el proceso de aplicación de normas implica la toma de decisiones basada en el análisis de los hechos y la aplicación de la ley a esos hechos. Estas decisiones pueden ser tomadas por un juez, un jurado, un árbitro u otro funcionario encargado de hacer cumplir la ley.

7.4. Fases del proceso de aplicación de normas.

El proceso de aplicación de normas puede variar según el contexto y el sistema jurídico en el que se enmarca, pero en general se pueden distinguir las siguientes fases:

1. **Interpretación**: Consiste en analizar el contenido y alcance de las normas aplicables al caso en cuestión, para determinar su sentido y significado.

2. **Subsumción**: Implica la comparación entre el caso concreto y la norma aplicable, para determinar si se ajusta a los supuestos previstos en la norma.

3. **Integración**: En caso de existir lagunas o vacíos normativos en la normativa aplicable al caso, se requiere la integración de dichas normas.

4. **Aplicación**: En esta fase se procede a la aplicación de la norma al caso concreto, es decir, se determina cómo se deben regular las relaciones entre las partes involucradas.

Es importante destacar que en algunos sistemas jurídicos estas fases pueden presentarse de manera simultánea o con un orden distinto, dependiendo del caso y del sistema en cuestión. Además, pueden existir fases adicionales o complementarias en función de la complejidad del caso o del sistema jurídico en cuestión.

7.5.   Determinación de los hechos y la norma aplicable.

La determinación de los hechos y la norma aplicable son dos fases fundamentales del proceso de aplicación de normas.

La determinación de los hechos implica establecer los hechos relevantes del caso concreto que se va a juzgar. Esta fase implica recopilar y analizar toda la información relevante para el caso, incluyendo la documentación pertinente, los testimonios de los testigos y las pruebas periciales.

La determinación de la norma aplicable, por su parte, consiste en identificar la norma o conjunto de normas que son relevantes para el caso y que deben ser aplicadas al mismo. Esta fase puede ser más o menos compleja, dependiendo del tipo de norma que se esté aplicando y de la complejidad del caso concreto. Por ejemplo, en el caso de las normas legales, la determinación de la norma aplicable puede requerir la interpretación de dicha norma, así como la identificación de otras normas que puedan ser relevantes para el caso.

Una vez que se han determinado los hechos y la norma aplicable, se procede a aplicar la norma al caso concreto para determinar las consecuencias jurídicas que corresponden a los hechos establecidos.

7.6. **La aplicación de la norma en el tiempo y en el espacio.**

7.6.1. La aplicación de la norma en el tiempo.

La aplicación de la norma en el tiempo se refiere a la manera en que se deben aplicar las normas jurídicas en relación con el momento en que se producen los hechos a los que se refieren.

Existen diversas teorías sobre cómo deben aplicarse las normas en el tiempo. Una de ellas es la teoría del hecho cumplido, que establece que las normas deben aplicarse según el derecho vigente en el momento en que se produjeron los hechos, sin tener en cuenta las normas que se hayan promulgado con posterioridad. Esta teoría se basa en el principio de seguridad jurídica, ya que permite a los ciudadanos conocer de antemano cuáles son sus derechos y obligaciones.

Otra teoría es la teoría de la ley nueva, que establece que las normas deben aplicarse según el derecho vigente en el momento en que se dicta la sentencia o resolución. Según esta teoría, las normas posteriores pueden modificar o derogar las normas anteriores, y por lo tanto deben ser aplicadas si se refieren a los mismos hechos.

En cualquier caso, la aplicación de la norma en el tiempo depende del sistema jurídico en el que se aplique y de las normas que lo regulen. En algunos sistemas jurídicos, como el Common Law, la jurisprudencia y los precedentes judiciales son fundamentales para la aplicación de la norma en el tiempo. En otros sistemas jurídicos, como el Civil Law, el papel de los jueces es más limitado y la interpretación de la ley se realiza de forma más restrictiva.

7.6.2. La aplicación de la norma en el espacio.

La aplicación de la norma en el espacio se refiere a la cuestión de qué jurisdicción o territorio es competente para aplicar la norma en cuestión. En otras palabras, se trata de determinar qué ley se aplicará en un determinado caso cuando hay leyes diferentes que podrían aplicarse según la ubicación geográfica o territorial de los sujetos o hechos que se analizan.

En general, los tribunales aplican la ley del lugar donde ocurrieron los hechos o donde se encuentra la persona o propiedad en cuestión. Sin embargo, existen excepciones y situaciones especiales, como por ejemplo en casos donde se aplican tratados internacionales, normas supranacionales o en situaciones de extraterritorialidad.

En resumen, la aplicación de la norma en el espacio implica determinar qué ley se aplicará en un caso concreto en función de la ubicación geográfica de los sujetos o hechos involucrados, y puede involucrar la consideración de tratados internacionales, normas supranacionales o circunstancias especiales.

7.7. Problemas en de la norma en el tiempo y en el espacio.

La aplicación de la norma en el tiempo y en el espacio puede generar varios problemas en el proceso de aplicación del derecho, como por ejemplo:

1. **Conflictos de leyes en el espacio**: cuando dos o más sistemas jurídicos aplicables a una situación jurídica presentan diferencias en sus soluciones, lo que puede generar conflictos de leyes en el espacio.

2. **Retroactividad**: en algunos casos, las normas jurídicas pueden tener efectos retroactivos, lo que significa que pueden aplicarse a situaciones que se produjeron antes de su entrada en vigor.

3. **Irretroactividad**: en otros casos, las normas jurídicas no tienen efectos retroactivos, lo que significa que no se aplican a situaciones que se produjeron antes de su entrada en vigor.

4. **Conflicto de leyes en el tiempo**: cuando una norma es modificada o derogada, puede surgir el problema de cuál norma es aplicable a las situaciones jurídicas que se produjeron antes de la modificación o derogación.

5. **Vacatio legis**: es el periodo de tiempo entre la publicación de una norma y su entrada en vigor, durante el cual la norma no es aplicable.

6. **Conflictos temporales**: en algunos casos, puede existir un conflicto temporal entre dos normas, lo que significa que ambas normas son aplicables a una misma situación, pero presentan soluciones diferentes.

Estos son solo algunos ejemplos de los problemas que pueden surgir en la aplicación de la norma en el tiempo y en el espacio. La solución de estos problemas puede requerir de la interpretación de la norma, así como de la aplicación de los principios generales del derecho.

7.8. Silogismo jurídico.

El silogismo jurídico es un razonamiento lógico-jurídico que se utiliza en la aplicación del derecho. Consiste en la aplicación de una norma jurídica (premisa mayor) a un caso concreto (premisa menor) para obtener una conclusión jurídica. La estructura básica del silogismo jurídico es la siguiente:

- Premisa mayor: Enunciado general de la norma jurídica aplicable.

- Premisa menor: Hechos particulares del caso concreto a resolver.

- Conclusión: Solución al caso concreto en base a la norma jurídica aplicable.

El silogismo jurídico es una herramienta fundamental para la resolución de casos en el ámbito jurídico y se utiliza en la mayoría de los sistemas jurídicos del mundo. Sin embargo, también ha sido objeto de críticas y debates sobre su utilidad y limitaciones en la práctica jurídica.

7.9. Como afecta los conflictos normativos en el proceso de aplicación de normas.

Los conflictos normativos pueden afectar el proceso de aplicación de normas porque pueden generar situaciones de incertidumbre y ambigüedad sobre qué norma debe aplicarse en un caso concreto. Si existen normas que entran en contradicción y no hay una solución prevista para resolver el conflicto, el intérprete o juez puede encontrarse ante la difícil tarea de decidir cuál norma debe prevalecer en una situación determinada. Esto puede dar lugar a la inseguridad jurídica y a la posibilidad de decisiones arbitrarias, que son contrarias al principio de legalidad y al Estado de derecho. Por lo tanto, es importante contar con mecanismos de solución de conflictos normativos para garantizar una aplicación coherente y uniforme del ordenamiento jurídico.

CAPÍTULO VIII

INTERPRETACIÓN DE LAS NORMAS

8.1. ¿Qué debemos entender por interpretación de normas?

La interpretación de normas es el proceso mediante el cual se busca comprender y establecer el significado de las normas jurídicas con el fin de aplicarlas adecuadamente en situaciones concretas. La interpretación es necesaria porque las normas jurídicas suelen ser formuladas en términos generales y abstractos, lo que a menudo requiere que se aclaren y adapten a los casos específicos que se presentan. La interpretación de las normas es una actividad compleja que implica no solo la comprensión del texto, sino también la consideración de su contexto, finalidad, historia y otros factores relevantes.

8.2. La interpretación de normas en los diferentes sistemas jurídicos.

La interpretación de las normas puede variar según los diferentes tipos de sistemas jurídicos, ya que estos se rigen por distintas formas de producción, jerarquía y aplicación de las normas.

Por ejemplo, en los sistemas de derecho continental, como el sistema civil law, la interpretación de las normas se basa en el texto de la ley, y se busca descubrir la intención del legislador. En cambio, en el sistema de derecho anglosajón, o common law, la interpretación de las normas se basa en la jurisprudencia y en los precedentes judiciales, y se enfoca en la aplicación de la ley a situaciones específicas.

Asimismo, en los sistemas jurídicos de corte religioso, la interpretación de las normas se realiza a partir de la interpretación de textos sagrados o de la jurisprudencia de líderes religiosos.

En resumen, la interpretación de las normas puede variar según el sistema jurídico en el que se inscribe, aunque siempre busca comprender el significado y alcance de las normas para aplicarlas adecuadamente en cada caso concreto

8.3. Características del proceso de interpretación de normas.

El proceso de interpretación de normas tiene las siguientes características:

1. **Subjetividad**: la interpretación de normas está sujeta a la subjetividad de quien interpreta y de los factores que influyen en la interpretación, como la cultura, la ideología y la formación jurídica del intérprete.

2. **Creatividad**: la interpretación de normas puede dar lugar a la creación de nuevas normas o la modificación de las existentes.

3. **Metodología**: aunque la interpretación de normas está sujeta a la subjetividad y la creatividad,

existen ciertas metodologías y criterios de interpretación que son aceptados y utilizados por los intérpretes.

4. **Contextualidad**: la interpretación de normas se realiza en un contexto determinado, que puede influir en el sentido de la interpretación.

5. **Finalidad**: la interpretación de normas tiene como finalidad lograr una comprensión adecuada y coherente de las normas, con el fin de aplicarlas de manera efectiva y justa.

8.4. Fases del proceso de interpretación de normas.

El proceso de interpretación de normas puede variar ligeramente dependiendo del sistema jurídico en cuestión, pero generalmente se pueden identificar las siguientes fases:

1. **Análisis del texto**: en esta fase se examina el texto de la norma que se pretende interpretar. Se busca entender el significado de cada palabra y la estructura de la norma en su conjunto.

2. **Análisis del contexto**: se analizan los antecedentes históricos y culturales de la norma, su finalidad y los valores que busca proteger. Se trata de entender el espíritu de la norma y su relación con otras normas del ordenamiento jurídico.

3. **Análisis del propósito**: se busca determinar la finalidad de la norma y el propósito que se persigue con ella. Esto permite entender el sentido y alcance de la norma, así como su relación con otros valores y principios jurídicos.

4. **Integración**: en esta fase se busca integrar las diferentes fuentes de interpretación (texto, contexto,

propósito, etc.) para llegar a una interpretación coherente y sistemática de la norma.

5. **Argumentación**: finalmente, se debe argumentar y justificar la interpretación propuesta, explicando cómo se llegó a ella y por qué es la más adecuada. Este paso es especialmente importante en sistemas jurídicos de jurisprudencia, donde las decisiones de los tribunales pueden sentar precedentes que deben ser seguidos por los tribunales inferiores.

8.5. Problemas en el proceso de interpretación de normas.

El proceso de interpretación de normas puede enfrentar varios problemas, como la vaguedad o ambigüedad del lenguaje utilizado en la norma, la falta de claridad sobre la intención del legislador o la incompatibilidad de la norma con principios más amplios del ordenamiento jurídico. Además, el proceso de interpretación puede verse influenciado por prejuicios personales o intereses creados. La falta de criterios claros para la interpretación y la aplicación de las normas también puede generar problemas en la coherencia y consistencia del ordenamiento jurídico.

8.5.1. Problemas lingüísticos en el proceso de interpretación normativa.

Los problemas lingüísticos en el proceso de interpretación normativa pueden surgir cuando el lenguaje utilizado en la norma es ambiguo o impreciso. Esto puede hacer que sea difícil determinar el significado preciso de la norma y cómo se debe aplicar en un caso particular. La interpretación de términos legales técnicos o

130

extranjeros también puede plantear problemas de comprensión, lo que dificulta su interpretación y aplicación. Además, los problemas lingüísticos también pueden surgir en casos de traducción de normas a diferentes idiomas, lo que puede llevar a malentendidos y confusiones en la interpretación y aplicación de las normas. Para abordar estos problemas, los intérpretes y los tribunales pueden recurrir a herramientas de interpretación, como la interpretación sistemática o la interpretación histórica, para determinar el significado de la norma en cuestión.

8.5.2. La falta de claridad sobre la intención del legislador.

La falta de claridad sobre la intención del legislador es otro problema que puede surgir en el proceso de interpretación normativa. A veces, las normas pueden ser ambiguas o imprecisas en cuanto a su intención o propósito, lo que puede dificultar la interpretación y aplicación de las mismas. En tales casos, los tribunales y otros intérpretes de la ley pueden tener que recurrir a diversas técnicas de interpretación para tratar de determinar la intención del legislador y aplicar la ley de manera coherente y efectiva.

8.5.3. La contradicción entre normas como problema del proceso de interpretación normativa.

La contradicción entre normas puede ser un problema en el proceso de interpretación normativa, ya que puede resultar en la aplicación de normas incompatibles o contradictorias, lo que puede generar incertidumbre y conflictos en la aplicación del derecho. Para solucionar este problema, se deben utilizar mecanismos como la jerarquía normativa, la aplicación del principio de especialidad o el análisis de la norma posterior. Además, la interpretación sistemática y teleológica de las normas puede ayudar a determinar su alcance y relación con otras normas del ordenamiento jurídico.

8.5.4. La incompatibilidad de la norma con principios más amplios del ordenamiento jurídico como problema del proceso de interpretación normativa.

La incompatibilidad de una norma con principios más amplios del ordenamiento jurídico puede ser un problema en el proceso de interpretación normativa. En ocasiones, una norma puede entrar en conflicto con principios fundamentales del derecho, como la igualdad, la libertad o la justicia, y en tales casos, puede ser necesario realizar una interpretación que armonice dichos principios y proporcione una solución adecuada al caso. Esto puede requerir un análisis cuidadoso de la norma y su relación con otros principios y normas del ordenamiento jurídico.

8.5.5. Las redundancias normativas como problema del proceso de interpretación normativa.

Las redundancias normativas pueden ser un problema en el proceso de interpretación normativa porque pueden generar ambigüedad o confusión. Una redundancia se produce cuando una norma repite lo que ya ha sido establecido en otra norma, lo que puede llevar a interpretaciones contradictorias si no se analiza adecuadamente. Además, las redundancias pueden dar lugar a una aplicación excesiva de la norma, ya que se puede interpretar que se aplica en todos los casos en que se repita lo que establece, aunque no sea necesario en ese caso en particular. Para evitar estos problemas, es importante analizar cuidadosamente el contexto y la finalidad de cada norma y cómo se relaciona con el resto del ordenamiento jurídico.

8.5.6. Las lagunas legales como problema del proceso de interpretación normativa.

Las lagunas legales son una situación en la que el ordenamiento jurídico no prevé una norma aplicable a un caso concreto o existen dudas acerca de cómo aplicar una norma existente a un caso específico. Esto puede ser un problema en el proceso de interpretación normativa, ya que se requiere una decisión o resolución jurídica que no tiene una solución clara en el ordenamiento jurídico existente. En tales casos, puede ser necesario recurrir a la analogía, la equidad u otros principios jurídicos para llenar la laguna legal y llegar a una decisión justa y adecuada.

8.5.7. Los prejuicios personales o intereses creados como problema del proceso de interpretación normativa.

Los prejuicios personales o intereses creados de los encargados de la interpretación pueden ser un problema en el proceso de interpretación normativa. Cuando los jueces o encargados de la interpretación tienen prejuicios personales o intereses creados, pueden afectar la objetividad de la interpretación y la aplicación de la norma. Es importante que los encargados de la interpretación se esfuercen por ser objetivos y basar sus interpretaciones en la letra y espíritu de la ley, en lugar de en sus prejuicios o intereses personales.

8.5.8. La falta de criterios claros como problema del proceso de interpretación normativa.

La falta de criterios claros es uno de los problemas más comunes en el proceso de interpretación normativa. Esto se debe a que, en algunos casos, las normas no proporcionan orientación clara sobre cómo deben ser aplicadas en situaciones específicas. En estas circunstancias, los intérpretes pueden verse obligados a recurrir a principios generales del ordenamiento jurídico, a la jurisprudencia previa o a la doctrina jurídica para tratar de llenar las lagunas o establecer criterios claros. Sin embargo, esta tarea puede ser difícil cuando no existe un consenso claro sobre los principios o criterios aplicables, lo que puede llevar a interpretaciones divergentes y conflictos en la aplicación de las normas.

8.5.9. La falta de criterios claros como problema del proceso de interpretación normativa.

La falta de criterios claros es uno de los problemas más comunes en el proceso de interpretación normativa. Esto se debe a que, en algunos casos, las normas no proporcionan orientación clara sobre cómo deben ser aplicadas en situaciones específicas. En estas circunstancias, los intérpretes pueden verse obligados a recurrir a principios generales del ordenamiento jurídico, a la jurisprudencia previa o a la doctrina jurídica para tratar de llenar las lagunas o establecer criterios claros. Sin embargo, esta tarea puede ser difícil cuando no existe un consenso claro sobre los principios o criterios aplicables, lo que puede llevar a interpretaciones divergentes y conflictos en la aplicación de las normas.

8.6. Las fuentes de interpretación normativa.

Las fuentes de interpretación normativa son los elementos a los que se acude para encontrar el sentido de una norma o para suplir una laguna jurídica. Entre las fuentes de interpretación normativa más comunes se encuentran el texto de la norma, la historia legislativa, los principios generales del derecho, la jurisprudencia, la doctrina y los fines de la norma. La importancia y peso que se le otorga a cada fuente puede variar según el sistema jurídico y la situación específica en la que se está interpretando una norma.

8.6.1. El texto de la norma como fuente de interpretación normativa.

El texto de la norma es considerado la fuente principal de interpretación normativa, ya que es la expresión escrita de la voluntad del legislador. A través de la lectura del texto de la norma, se busca entender su significado y alcance, para poder aplicarla correctamente. En este sentido, se analizan los términos utilizados en la norma, su estructura gramatical y sintáctica, así como su contexto histórico y social. Sin embargo, la interpretación del texto de la norma no siempre es suficiente para resolver todas las dudas que puedan surgir en su aplicación, por lo que se recurre a otras fuentes de interpretación normativa.

8.6.2. La historia legislativa de la norma como fuente de interpretación normativa.

La historia legislativa de la norma, también conocida como "exposición de motivos" o "trabajos preparatorios", puede ser considerada una fuente de interpretación normativa. Esta fuente de interpretación se refiere a los documentos, debates y discusiones que tuvieron lugar durante el proceso de elaboración de la norma y que pueden ayudar a aclarar la intención del legislador al redactar la norma.

Al examinar la historia legislativa de una norma, los intérpretes pueden tener en cuenta los siguientes aspectos:

- El contexto en el que se aprobó la norma, incluyendo las circunstancias políticas, sociales y económicas de la época.

- Los motivos que llevaron al legislador a aprobar la norma y los objetivos que se pretendían alcanzar.

- Los debates y discusiones que tuvieron lugar durante el proceso legislativo, incluyendo las opiniones de los diferentes grupos políticos y sociales que participaron en él.

- Las enmiendas y modificaciones que se introdujeron en el texto original de la norma y las razones que motivaron dichas enmiendas.

Es importante tener en cuenta que la historia legislativa de una norma no puede ser la única fuente de interpretación y que, en algunos casos, puede haber contradicciones entre los debates parlamentarios y el texto final de la norma. Además, esta fuente de interpretación no puede utilizarse para modificar el sentido claro y literal del texto de la norma.

8.6.3. Los principios generales del derecho como fuente de interpretación normativa.

Los principios generales del derecho pueden ser considerados una fuente de interpretación normativa. Estos principios son fundamentos éticos y morales que se aplican a la interpretación de las normas jurídicas. Pueden ser principios generales de derecho internacional, principios consagrados en la Constitución o principios que se deducen de la jurisprudencia y la doctrina. La aplicación de los principios generales del derecho puede ayudar a solucionar lagunas en la normativa y a interpretar las normas de manera más justa y equitativa.

8.6.4. La jurisprudencia como fuente de interpretación normativa.

La jurisprudencia es una fuente de interpretación normativa que consiste en las decisiones previas tomadas por tribunales y otros órganos judiciales en casos similares. Los tribunales pueden utilizar la jurisprudencia para interpretar la ley en casos posteriores, a fin de asegurar la consistencia y coherencia en la aplicación de la ley. La jurisprudencia puede ser especialmente útil cuando la ley es ambigua o no ofrece orientación clara sobre cómo se debe aplicar en un caso particular. Es importante destacar que la jurisprudencia puede variar según el país y el sistema jurídico, y algunos sistemas le dan un papel más importante que otros en la interpretación de las leyes.

8.6.5. La doctrina como fuente de interpretación normativa.

La doctrina es una fuente de interpretación normativa que se refiere a las opiniones, análisis y comentarios de expertos en derecho acerca de las normas jurídicas y su aplicación en casos concretos. Esta fuente puede ser utilizada por jueces y otros intérpretes de la ley como guía para ayudarles a comprender el significado de una norma y su aplicación en situaciones particulares. Aunque la doctrina no es vinculante, puede ser muy influyente en la toma de decisiones jurídicas y en la evolución del derecho.

8.6.6. Los fines de la norma como fuente de interpretación normativa.

Los fines de la norma pueden ser una fuente de interpretación normativa. Al interpretar una norma, el intérprete puede considerar cuál es su propósito o finalidad y cómo se ajusta la interpretación propuesta a ese propósito. Esto se conoce como la interpretación teleológica de las normas, que busca entender la finalidad de la norma y aplicarla en consecuencia. Al interpretar la norma a la luz de sus fines, se puede obtener una mejor comprensión de su alcance y significado.

8.7. Clasificación del proceso de interpretación de normas.

Existen diversas clasificaciones del proceso de interpretación de normas. Una de las más comunes es la siguiente:

1. **Interpretación auténtica o legislativa**: realizada por el propio órgano que dictó la norma.

2. **Interpretación doctrinal**: realizada por los expertos en derecho a través de sus estudios e investigaciones.

3. **Interpretación judicial**: realizada por los jueces y tribunales al aplicar las normas a casos concretos.

4. **Interpretación administrativa**: realizada por las autoridades administrativas al aplicar las normas en sus decisiones y actuaciones.

5. **Interpretación privada**: realizada por particulares en sus relaciones jurídicas, como contratos o convenios colectivos.

Cada una de estas formas de interpretación tiene sus particularidades y puede estar más o menos regulada en cada ordenamiento jurídico.

8.8.   Criterios de interpretación normativa.

Los criterios de interpretación son herramientas o métodos que se utilizan para guiar el proceso de interpretación de normas y ayudar a determinar su significado. Algunos de los criterios de interpretación más comunes son:

1. **El criterio gramatical o literal**: se basa en el significado gramatical y literal de las palabras utilizadas en la norma.

2. **El criterio sistemático**: considera la norma dentro del contexto más amplio del sistema jurídico en el que se inscribe, teniendo en cuenta las leyes y

regulaciones que la complementan o se relacionan con ella.

3. **El criterio teleológico o finalista**: se enfoca en el propósito o la finalidad de la norma, y busca interpretarla de manera que mejor cumpla con ese propósito.

4. **El criterio histórico**: considera el contexto histórico y social en el que se creó la norma y cómo ha evolucionado con el tiempo.

5. **El criterio comparativo**: se basa en comparar la norma en cuestión con otras normas similares en otros sistemas jurídicos o en el mismo sistema jurídico.

Es importante destacar que estos criterios no son excluyentes y que a menudo se utilizan de manera combinada para lograr una interpretación más completa y precisa.

8.8. ¿Pueden haber diferentes resultados en el proceso de interpretación de normas?

Puede haber diferentes resultados en el proceso de interpretación de normas, ya que la interpretación de las normas puede ser objeto de diversas interpretaciones según el criterio y la metodología utilizada. En muchos casos, la interpretación de las normas puede ser subjetiva y depende del enfoque que se le dé. Por lo tanto, diferentes intérpretes pueden llegar a diferentes conclusiones en cuanto a la interpretación de una norma en particular.

8.10. **¿Cómo solucionar el problemas de los diferentes resultados en el proceso de interpretación normativa?**

El problema de los diferentes resultados en el proceso de interpretación normativa puede solucionarse en parte a través de la unificación de la jurisprudencia, ya sea por medio de la creación de tribunales superiores con competencia vinculante que emitan sentencias de unificación, o bien por la creación de mecanismos de diálogo e intercambio de criterios entre los tribunales y los operadores jurídicos. También puede ser útil la adopción de reglas claras y precisas en el proceso de interpretación, y la promoción de la coherencia y la transparencia en el proceso de toma de decisiones por parte de los tribunales.

8.11. **¿Qué es la unificación de la jurisprudencia?**

La unificación de la jurisprudencia se refiere al proceso de asegurar la coherencia y uniformidad de la interpretación judicial de la ley en un país o sistema jurídico. El objetivo es evitar que las decisiones de los tribunales sean contradictorias o inconsistentes, lo que puede generar incertidumbre en la aplicación de la ley y debilitar la seguridad jurídica.

En algunos sistemas jurídicos, la unificación de la jurisprudencia se logra a través de una jerarquía de tribunales, en la que las decisiones de los tribunales superiores son vinculantes para los tribunales inferiores. En otros sistemas, como el de los Estados Unidos, la unificación de la jurisprudencia se logra a través de la doctrina del stare decisis, que requiere que los tribunales sigan las decisiones de otros tribunales de su propio nivel o de niveles superiores en casos similares.

141

8.12. **¿Cuál es el estado final deseado con la unificación de la jurisprudencia?**

El estado final deseado con la unificación de la jurisprudencia es la consistencia y coherencia en la aplicación del derecho por parte de los tribunales en todo el país o la jurisdicción en cuestión. Esto significa que los tribunales deberían estar de acuerdo en la interpretación y aplicación del derecho, lo que reduciría la incertidumbre y las posibles contradicciones en la aplicación del derecho. La unificación de la jurisprudencia también puede aumentar la legitimidad del sistema jurídico al proporcionar un trato igualitario a todos los ciudadanos y a las partes en el proceso judicial.

8.13. **Los apotegmas jurídicos y las máximas de la experiencia en la interpretación judicial.**

Tanto los apotegmas jurídicos como las máximas de la experiencia son expresiones que se utilizan en el ámbito judicial y que pueden ser consideradas por los jueces en el proceso de interpretación de la ley. Ambos son expresiones breves y concisas que reflejan una experiencia o conocimiento generalmente aceptado en el ámbito jurídico.

Los apotegmas jurídicos son frases o expresiones que sintetizan una idea o un principio general del derecho, mientras que las máximas de la experiencia son frases o expresiones que sintetizan una experiencia o conocimiento generalmente aceptado en un determinado ámbito.

En la interpretación judicial, tanto los apotegmas jurídicos como las máximas de la experiencia pueden ser utilizados como elementos que permiten al juez llegar a una conclusión más justa y equitativa. Sin embargo, su uso debe ser cuidadoso y siempre dentro de los límites de la ley y de los principios fundamentales del derecho.

8.13.1. Los apotegmas jurídicos.

Los apotegmas jurídicos, o máximas jurídicas, son expresiones breves que sintetizan una idea o un principio del derecho, a menudo con una formulación ingeniosa o memorable. Los apotegmas jurídicos son frases o expresiones breves y concisas que contienen enseñanzas o verdades que se consideran de relevancia en el ámbito jurídico. Estos apotegmas pueden expresar ideas generales sobre el derecho, sobre la justicia, sobre la libertad, entre otros temas

En general, los apotegmas jurídicos son una fuente valiosa de orientación para los jueces y los abogados, pero su uso debe ser cuidadoso y contextual, ya que a menudo son expresiones breves que no cubren toda la complejidad de una situación jurídica específica.

No hay una clasificación estándar de los apotegmas jurídicos, pero algunos ejemplos comunes incluyen:

- "Ignorantia legis non excusat" (La ignorancia de la ley no excusa).

- "In dubio pro reo" (En caso de duda, a favor del acusado).

- "Nemo judex in causa sua" (Nadie puede ser juez en su propia causa).

- "Pacta sunt servanda" (Los acuerdos deben ser respetados).

- "Res iudicata pro veritate habetur" (La cosa juzgada se tiene por verdad).

Estos apotegmas pueden ser utilizados como una forma de resumir y aplicar principios jurídicos establecidos, y en algunos casos pueden ser vistos como mecanismos de integración del derecho.

8.13.2.   Las máximas de la experiencia.

Las máximas de la experiencia, también conocidas como máximas de la vida, son enunciados basados en la observación y la experiencia que se consideran verdades generalmente aceptadas. En el ámbito jurídico, las máximas de la experiencia son utilizadas por los jueces y tribunales para fundamentar su decisión en casos en los que la prueba directa no está disponible o es insuficiente, por ejemplo, en casos de prueba testimonial o pericial.

Entre las máximas de la experiencia que se utilizan en el derecho se encuentran:

- La buena fe se presume.

- Quien afirma algo debe probarlo.

- Nadie está obligado a lo imposible.

- La ley no ampara la negligencia.

- El hombre medio es diligente y prudente.

- La costumbre es ley.

- La libertad del individuo termina donde comienza la de los demás.

Estas máximas y otras similares son utilizadas por los jueces y abogados para guiar su interpretación y aplicación del derecho en casos específicos.

8.14. Los principios de interpretación normativa.

Existen diversos principios de interpretación que pueden variar según el ámbito jurídico y el sistema jurídico en cuestión, pero algunos de los más comunes son los siguientes:

1. **Principio de literalidad o gramatical**: se debe interpretar el texto de la norma según su significado literal.

2. **Principio de finalidad o teleológico**: la interpretación debe realizarse en función de la finalidad o el propósito que se busca alcanzar con la norma.

3. **Principio de sistematicidad**: la interpretación de una norma debe ser coherente con el conjunto del ordenamiento jurídico al que pertenece.

4. **Principio de conformidad con la Constitución**: las normas deben ser interpretadas y aplicadas de manera que se respeten los derechos y principios establecidos en la Constitución.

5. **Principio de seguridad jurídica**: las normas deben ser interpretadas de manera clara y previsible para los ciudadanos y los operadores jurídicos.

6. **Principio de conservación**: en caso de duda, se debe preferir la interpretación que conserve la validez y eficacia de la norma.

7. **Principio de proporcionalidad**: las normas deben ser interpretadas y aplicadas de manera que se respeten los principios de necesidad, idoneidad y proporcionalidad.

8. **El principio de interpretación restrictiva de las normas que restringen derechos**: establece que cuando una norma establece restricciones o limitaciones a un derecho, esa norma debe ser interpretada y aplicada de manera restrictiva, es decir, limitando al máximo su alcance. Este principio se basa en la idea de que los derechos fundamentales son de especial importancia y deben ser protegidos de cualquier restricción o limitación arbitraria o excesiva. Por lo tanto, las normas que establecen restricciones a los derechos deben ser interpretadas de manera que se asegure su protección y se evite cualquier vulneración innecesaria de los mismos.

8.15. Límites en el proceso de interpretación de normas.

Existen límites en el proceso de interpretación de normas. Algunos de los límites son:

1. **El texto de la norma**: la interpretación no puede contradecir el texto expreso de la norma.

2. **El contexto de la norma**: la interpretación debe tener en cuenta el contexto en que la norma fue creada, así como otros aspectos relevantes, como la historia, la finalidad y la estructura del ordenamiento jurídico.

3. **Los límites impuestos por otras normas**: la interpretación no puede ir en contra de otras normas que sean aplicables al caso.

4. **La finalidad de la norma**: la interpretación debe buscar la finalidad perseguida por la norma, teniendo en cuenta el contexto en el que fue creada y las necesidades actuales de la sociedad.

5. **Los valores y principios constitucionales**: la interpretación no puede ir en contra de los valores y principios constitucionales, que constituyen la base del ordenamiento jurídico.

6. **Los derechos humanos**: la interpretación no puede vulnerar los derechos humanos reconocidos por el ordenamiento jurídico nacional e internacional.

Estos límites buscan asegurar una interpretación coherente y justa de las normas, sin que se afecten otros aspectos fundamentales del ordenamiento jurídico.

CAPÍTULO IX

INTEGRACIÓN DEL DERECHO

9.1. ¿Qué debemos entender por integración del derecho?

La integración del derecho se refiere al proceso de unir y armonizar diferentes sistemas jurídicos para crear un marco coherente y uniforme de leyes aplicables a nivel internacional o transnacional. En este sentido, la integración del derecho implica la creación de normas que se aplican a nivel supranacional, es decir, por encima de las normas nacionales de los diferentes países, con el objetivo de crear un marco legal más armonizado y coherente para abordar cuestiones y desafíos que trascienden las fronteras nacionales. La integración del derecho se realiza a través de acuerdos y tratados internacionales, y puede implicar la creación de nuevas normas o la adopción y aplicación de normas ya existentes.

9.2. La integración del derecho en los diferentes sistemas jurídicos.

La integración del derecho puede tener diferentes manifestaciones y alcances en los distintos sistemas jurídicos. En algunos sistemas jurídicos, la integración puede implicar la incorporación de normas y principios provenientes de otros ordenamientos jurídicos, o la armonización de normas y prácticas entre diferentes jurisdicciones. En otros casos, la integración puede referirse a la adaptación de las normas jurídicas a las necesidades de grupos o comunidades específicas, como en el caso del derecho indígena. En general, la integración del derecho busca establecer mecanismos que permitan la aplicación efectiva del derecho en situaciones complejas y cambiantes, y promover la coherencia y la unidad del ordenamiento jurídico.

9.3. Características del proceso de integración del derecho.

El proceso de integración del derecho implica la fusión de elementos de diferentes sistemas jurídicos para crear un nuevo sistema legal. Algunas de las características de este proceso son:

1. **Combinación de fuentes**: se combinan fuentes de distintos sistemas jurídicos para crear un nuevo sistema.

2. **Adaptación**: se realiza una adaptación de las normas jurídicas extranjeras a la cultura y la idiosincrasia del sistema que las recibe.

3. **Selección**: se seleccionan aquellas normas que resultan más convenientes y adecuadas para el sistema que las adopta.

4. **Coherencia**: se busca una coherencia entre las diferentes normas que se fusionan para evitar contradicciones o incompatibilidades.

5. **Flexibilidad**: el proceso de integración del derecho es un proceso dinámico y evolutivo que requiere de flexibilidad y adaptabilidad.

6. **Toma de decisiones**: se deben tomar decisiones acerca de qué normas deben ser adoptadas y cómo deben ser integradas.

7. **Respeto a los valores fundamentales**: se deben respetar los valores y principios fundamentales del sistema jurídico que integra las normas.

8. **Contextualización**: es necesario contextualizar las normas que se integran, es decir, tener en cuenta el contexto histórico, político, social y cultural del sistema jurídico que las adopta.

9. **Diálogo intercultural**: el proceso de integración del derecho implica un diálogo intercultural y una comprensión mutua de los diferentes sistemas jurídicos que se fusionan.

9.4. ¿Por qué recurrimos al proceso de integración del derecho?

Se recurre al proceso de integración del derecho para resolver casos en los que no hay una norma específica aplicable a una situación dada, o cuando existe un conflicto entre diferentes normas o principios. La integración del derecho permite llenar vacíos legales, resolver contradicciones entre normas y principios, y garantizar la coherencia y la uniformidad en la aplicación del derecho. Además, la integración del derecho puede ser necesaria cuando se trata de aplicar el derecho en situaciones complejas y cambiantes, como en el caso de la tecnología y la innovación

9.5. El objeto del proceso de integración del derecho.

El objeto del proceso de integración del derecho es conseguir que el sistema jurídico sea más completo, coherente y justo, a través de la incorporación de elementos externos que puedan contribuir a mejorar la normativa vigente. De esta forma, se busca llenar los vacíos normativos y superar las deficiencias del ordenamiento jurídico, para garantizar una mayor protección de los derechos y libertades de los ciudadanos.

9.6. Fases del proceso de integración del derecho.

El proceso de integración del derecho puede dividirse en varias fases:

1. **Identificación del conflicto**: En esta fase, se debe identificar la existencia de un conflicto entre la normativa interna y la normativa externa, y analizar la naturaleza y alcance del mismo.

2. **Selección de la norma aplicable**: Una vez identificado el conflicto, es necesario determinar cuál de las normas en conflicto debe aplicarse. En algunos casos, esto puede requerir la elección de una norma extranjera sobre una norma nacional.

3. **Interpretación de la norma aplicable**: En esta fase, se debe interpretar la norma aplicable a fin de determinar su alcance y significado en el contexto del caso en cuestión.

4. **Integración de la norma aplicable**: Si la norma aplicable no es suficiente para resolver el conflicto, puede ser necesario integrarla con otras normas o principios del derecho nacional o internacional.

5. **Aplicación de la norma integrada**: Finalmente, una vez que se ha integrado la norma aplicable,

se puede aplicar al caso en cuestión a fin de resolver el conflicto.

Es importante tener en cuenta que estas fases no siempre se siguen en un orden estricto y pueden solaparse o superponerse en ciertos casos. Además, el proceso de integración del derecho puede variar según el tipo de conflicto o el sistema jurídico en cuestión.

9.7. Problemas en el proceso de integración del derecho.

Algunos de los problemas que pueden surgir en el proceso de integración del derecho son los siguientes:

1. **Dificultades para armonizar las diferentes normas y sistemas jurídicos**: Cuando se trata de integrar diferentes sistemas jurídicos, puede haber dificultades para hacer que las normas sean coherentes entre sí. Esto puede deberse a diferencias culturales, históricas, políticas o económicas que influyen en la forma en que se entiende y aplica la ley.

2. **Falta de voluntad política**: La integración del derecho a menudo requiere la cooperación de diferentes países o regiones. Si no hay suficiente voluntad política para trabajar juntos, puede ser difícil lograr la integración.

3. **Resistencia de los grupos de interés**: A veces, los grupos de interés pueden oponerse a la integración del derecho si creen que puede socavar sus intereses económicos, políticos o culturales.

4. **Dificultades para encontrar un denominador común**: Puede ser difícil encontrar un

denominador común entre las diferentes normas y sistemas jurídicos. Si no se puede encontrar un terreno común, la integración del derecho puede ser imposible.

5. **Cuestiones de competencia**: A veces, puede haber cuestiones de competencia que dificulten la integración del derecho. Por ejemplo, si dos sistemas jurídicos tienen diferentes normas sobre propiedad intelectual, puede ser difícil armonizarlas.

6. **Dificultades para aplicar la ley**: Cuando se integran diferentes sistemas jurídicos, puede haber dificultades para aplicar la ley de manera coherente y justa. Esto puede deberse a diferencias culturales o a la falta de un sistema común para resolver disputas.

9.8. Las fuentes de integración del derecho.

Las fuentes de integración del derecho son los medios a través de los cuales se pueden incorporar elementos de otros sistemas jurídicos al sistema jurídico propio con el fin de solucionar situaciones de vacío o insuficiencia normativa. Entre las principales fuentes de integración del derecho se encuentran:

- **La analogía**: consiste en aplicar una norma existente a una situación no regulada de forma similar.

- **Los principios generales del derecho**: conceptos o ideas fundamentales que inspiran todo el sistema jurídico y pueden ser aplicados en situaciones no previstas específicamente por la normativa.

- **La equidad**: principio jurídico que permite al juez adecuar la norma al caso concreto cuando su aplicación rigurosa no garantiza una solución justa.

- **La costumbre**: prácticas sociales repetidas y aceptadas en una comunidad que adquieren la fuerza de normas jurídicas.

- **La jurisprudencia**: decisiones de los tribunales que interpretan y aplican el derecho de forma uniforme y consistente.

- **La doctrina**: opiniones de los expertos en derecho que pueden influir en la interpretación y aplicación de la normativa.

9.9.   Vacíos legales y lagunas legales.

Los vacíos legales y las lagunas legales son situaciones en las que la normativa existente no se aplica a un caso específico o no ofrece una respuesta adecuada para resolver un conflicto o situación jurídica. Aunque los términos a veces se utilizan indistintamente, hay una diferencia entre ellos.

Un vacío legal se refiere a una situación en la que no hay ninguna norma que regule o resuelva una situación determinada. Es decir, no existe regulación legal específica sobre un tema concreto. Por ejemplo, si una nueva tecnología no está cubierta por las leyes existentes, se puede decir que hay un vacío legal.

Por otro lado, una laguna legal se refiere a una situación en la que hay una norma legal existente, pero esta no es suficiente o no está clara para resolver un caso o conflicto específico. En otras palabras, hay una brecha en la ley que no proporciona una respuesta adecuada a una situación particular.

En ambos casos, los vacíos legales y las lagunas legales pueden ser problemáticos ya que pueden generar incertidumbre y conflictos en la aplicación de la ley. Por lo tanto, a menudo se recurre a los procesos de interpretación y de integración del derecho para tratar de resolver estos problemas.

9.10. La analogía como mecanismo de integración del derecho.

La analogía es un mecanismo de integración del derecho que se utiliza para llenar lagunas legales y aplicar una norma a una situación que no estaba prevista expresamente por el legislador. Consiste en aplicar una norma existente a una situación similar a aquella a la que se aplicó originalmente. En otras palabras, se trata de extender la aplicación de una norma a un caso similar que no está expresamente contemplado por ella.

La analogía puede ser argumentada por las partes en un proceso judicial, pero también puede ser utilizada por los jueces al interpretar la ley en la ausencia de una disposición explícita que aborde el caso en cuestión. Cabe destacar que el uso de la analogía no está exento de críticas y controversias, ya que puede generar interpretaciones subjetivas y arbitrarias de la ley. Por lo tanto, su uso debe ser cuidadoso y justificado en cada caso concreto.

9.10.1. La analogía legis.

La analogía legis es un tipo de analogía jurídica que consiste en aplicar a un caso concreto una norma jurídica que regula otra situación similar, pero que no se aplica directamente a la cuestión que se está resolviendo. Es decir, se busca una solución en una norma que regula un supuesto semejante al caso que se está juzgando, pero que no se aplica de manera directa a la situación en cuestión. En general, la analogía legis se utiliza como mecanismo de integración del derecho cuando no hay una norma específica que regule la cuestión que se plantea.

9.10.2. La analogía iuris.

La analogía iuris es un mecanismo de integración del derecho que consiste en aplicar una norma existente a una situación no regulada por dicha norma, pero que es similar en sus características y finalidad a aquella que sí está regulada. Es decir, se busca extender una norma ya existente a una situación no prevista expresamente por la norma, pero que guarda ciertas similitudes o afinidades con los casos que sí están regulados por dicha norma. La analogía iuris es utilizada en aquellos casos en los que no existe una norma específica que regule una situación concreta, pero se pueden encontrar similitudes con otras situaciones ya reguladas.

9.11. La interpretación extensiva como mecanismo de integración del derecho.

La interpretación extensiva es un mecanismo de integración del derecho que consiste en ampliar el ámbito de aplicación de una norma para incluir supuestos que no están expresamente contemplados en ella pero que, a juicio del intérprete, se encuentran dentro de su espíritu y finalidad. De esta manera, se busca evitar lagunas en el ordenamiento jurídico y adaptarlo a las nuevas realidades sociales y tecnológicas. La interpretación extensiva se utiliza cuando se considera que la norma existente es insuficiente para regular una determinada situación, por lo que se recurre a su interpretación para aplicarla por analogía a una situación similar.

9.12. Los principios generales del derecho como mecanismo de integración del derecho.

Los principios generales del derecho son una de las fuentes del derecho utilizadas como mecanismo de integración del derecho. Los principios son normas jurídicas no escritas que se derivan de la experiencia y la razón, y se aplican a situaciones no previstas expresamente por las normas jurídicas existentes. Los principios generales del derecho son importantes porque ayudan a llenar vacíos legales, y a resolver casos en los que la aplicación literal de una norma no sería justa o razonable. Un ejemplo de un principio general del derecho es el principio de buena fe, que se aplica en muchos sistemas jurídicos y requiere que las partes actúen con honestidad y lealtad en la realización de sus negocios y en la interpretación y aplicación de las normas.

9.12.1. Los principios generales del derecho.

Los principios generales del derecho son criterios o directrices fundamentales que sirven de base y guía para la interpretación y aplicación de las normas jurídicas en un ordenamiento jurídico determinado. Estos principios pueden variar según el país o la región, en función del sistema jurídico y del momento histórico y social en que se apliquen.

Algunos de los principios generales del derecho más reconocidos incluyen:

1. Principio de legalidad.

2. Principio de seguridad jurídica.

3. Principio de igualdad ante la ley.

4. Principio de no retroactividad de la ley.

5. Principio de buena fe.

6. Principio de cosa juzgada.

7. Principio de proporcionalidad.

8. Principio de autonomía de la voluntad.

9. Principio de respeto a los derechos humanos.

10. Principio de supremacía constitucional.

11. Principio de justicia.

12. Principio de equidad.

13. Principio de libertad.

14. Principio de responsabilidad.

15. Principio de eficacia.

16. Principio de eficiencia.

17. Principio de subsidiariedad.

18. Principio de solidaridad.

19. Principio de colaboración.

20. Principio de cooperación.

21. Principio de buena administración.

22. Principio de transparencia y acceso a la información pública.

23. Principio de protección de la confianza legítima.

Es importante destacar que esta lista no es exhaustiva y que en algunos casos los principios pueden recibir denominaciones o descripciones distintas dependiendo del país o sistema jurídico en el que se apliquen.

9.13. La equidad como mecanismo de integración del derecho.

La equidad es un mecanismo de integración del derecho que permite a los jueces y tribunales tomar decisiones justas y equitativas en situaciones en las que las normas jurídicas no son suficientes para resolver un caso en particular. La equidad se basa en el sentido común y la justicia natural, y se utiliza para corregir las injusticias o desigualdades que puedan surgir a raíz de una aplicación estricta de la ley. Es importante destacar que la equidad no debe ser utilizada como sustituto de la ley, sino como un complemento a la misma.

9.14. La costumbre como mecanismo de integración del derecho.

La costumbre es un mecanismo de integración del derecho que permite suplir la falta de normas y resolver los casos que no están regulados por el derecho positivo. Consiste en la repetición constante y uniforme de determinadas conductas en una determinada comunidad jurídica, que son consideradas por ésta como obligatorias. De esta manera, la costumbre se convierte en una fuente de derecho consuetudinario, que puede ser reconocida y aplicada por los tribunales en caso de ausencia de normas escritas o cuando éstas sean insuficientes o inadecuadas.

9.15. La jurisprudencia como mecanismo de integración del derecho.

La jurisprudencia puede ser considerada un mecanismo de integración del derecho, ya que a través de la interpretación de normas y la resolución de casos concretos, los tribunales y jueces pueden establecer criterios y pautas que contribuyan a la evolución y coherencia del sistema jurídico. La jurisprudencia puede ser especialmente relevante en aquellos casos en los que las normas existentes no son claras o no abordan una determinada situación, ya que puede ser utilizada como base para la interpretación y aplicación de la ley en situaciones similares. Además, la jurisprudencia también puede ser utilizada como fuente de inspiración para la elaboración de nuevas leyes o reformas legislativas.

9.16. La doctrina como mecanismo de integración del derecho.

La doctrina, entendida como el conjunto de opiniones y estudios de juristas y expertos en derecho, también puede ser utilizada como mecanismo de integración del derecho. La doctrina puede aportar argumentos y análisis para interpretar una norma o resolver un caso concreto, y en algunos sistemas jurídicos tiene un papel destacado en la elaboración de nuevas leyes o en la evolución del derecho. Sin embargo, la doctrina no tiene el mismo valor que las normas jurídicas en sí mismas, y su peso dependerá de la consideración que se le dé en cada caso concreto y de su grado de aceptación en la comunidad jurídica.

9.17. Límites en el proceso de integración del derecho.

Aunque el proceso de integración del derecho puede ser útil para completar vacíos normativos y armonizar diferentes normativas, existen ciertos límites que deben tenerse en cuenta. Algunos de estos límites incluyen:

1. **La interpretación restrictiva de los textos legales**: los jueces y tribunales tienen la obligación de respetar el sentido literal de las leyes y no pueden utilizar mecanismos de integración del derecho que impliquen una interpretación extensiva o analógica de los preceptos legales.

2. **La falta de homogeneidad de los sistemas jurídicos**: en algunos casos, la integración del derecho puede ser difícil debido a las diferencias existentes entre los sistemas jurídicos.

3. **La necesidad de mantener la coherencia del sistema jurídico**: la integración del derecho no debe llevar a una desarticulación del sistema jurídico, por lo que los jueces y tribunales deben ser cuidadosos para que las soluciones adoptadas sean coherentes con el conjunto de normas vigentes.

4. **La protección de los derechos fundamentales**: la integración del derecho no puede ser utilizada para justificar la vulneración de los derechos fundamentales reconocidos por el ordenamiento jurídico.

REFERENCIAS

Arrieta, R. (2009). *El derecho según Aristóteles y Santo Tomás de Aquino.* http://iusconstifil.blogspot.com/2009/04/el-derecho-segun-aristoteles-y-santo.html

Carvajal, N. (2019). *Eugen Ehrlich pionero de la sociología jurídica.* https://www.elpais.cr/2019/12/01/eugen-ehrlich-pionero-de-la-sociologia-juridica/

Chávez, J. (2014). *Orden social y orden jurídico: la observación de Niklas Luhmann sobre el derecho.* https://www.scielo.org.mx/scielo.php?script=sci_arttext&pid=S0187-01732014000100001

García, R. (2004). *Radbruch y el valor de la seguridad jurídica.* https://www.google.com/url?sa=t&rct=j&q=&esrc=s&source=web&cd=&cad=rja&uact=8&ved=2ahUKEwi11_-KzJH9AhUUHrkGHbDSDKYQFnoECA8QAQ&url=https%3A%2F%2Fdialnet.unirioja.es%2Fdescarga%2Farticulo%2F1217071.pdf&usg=AOvVaw3JugogOGa7pHoU9wOmH6ox

Gómez, D. (2020). El concepto de derecho (H.L.A. Hart). https://www.google.com/url?sa=t&rct=j&q=&esrc=s&source=web&cd=&cad=rja&uact=8&ved=2ahUKEwjYnfCIlo_9AhX9HLkGHSNSBagQFnoECA8QAQ&url=https%3A%2F%2Frevistas.unne.edu.ar%2Findex.php%2Frfd%2Farticl

e%2Fdownload%2F5014%2F4703&usg=AOvVa
w1Cqdq3kcSXDNPgXWCsL13d

May, H. (2014). *Aporte de Kant al concepto moderno del "Estado de Derecho".* https://www.google.com/url?sa=t&rct=j&q=&esrc=s&source=web&cd=&cad=rja&uact=8&ved=2ahUKEwjSncztlI_9AhXUppUCHWCoChMQFnoECBAQAQ&url=https%3A%2F%2Frevistas.ucr.ac.cr%2Findex.php%2Fiusdoctrina%2Farticle%2Fdownload%2F13569%2F12857%2F&usg=AOvVaw0V7aK1JOw7EdF_Uv26bNrM

Munné, G. (2016). *Racionalidades del Derecho según Max Weber y el problema del formalismo jurídico.* https://www.scielo.org.mx/scielo.php?script=sci_arttext&pid=S1405-02182006000200005

Suárez, E. (2020). *Introducción al derecho.* https://bibliotecavirtual.unl.edu.ar:8443/bitstream/handle/11185/5535/introduccio%cc%81n_al_%20DERECHO_web.pdf

Ugarte, J. (1995). *El sistema jurídico de Kelsen. Síntesis y crítica.* https://www.google.com/url?sa=t&rct=j&q=&esrc=s&source=web&cd=&cad=rja&uact=8&ved=2ahUKEwiqz-j6ypH9AhV5K7kGHR6nDGQQFnoECBoQAQ&url=https%3A%2F%2Fdialnet.unirioja.es%2Fdescarga%2Farticulo%2F2649940.pdf&usg=AOvVaw253rsLfIDsM2Ae54pAfeK3

www.ingramcontent.com/pod-product-compliance
Lightning Source LLC
Chambersburg PA
CBHW070543220526
45467CB00003B/1044